As imagens da imagem do Sesc

sesc

SERVIÇO SOCIAL DO COMÉRCIO
Administração Regional no Estado de São Paulo

Presidente do Conselho Regional
Abram Szajman
Diretor Regional
Danilo Santos de Miranda

Conselho Editorial
Ivan Giannini
Joel Naimayer Padula
Luiz Deoclécio Massaro Galina
Sérgio José Battistelli

EDIÇÕES SESC SÃO PAULO
Gerente Marcos Lepiscopo
Gerente adjunta Isabel M. M. Alexandre
Coordenação Editorial Clívia Ramiro, Cristianne Lameirinha
Produção Editorial João Cotrim
Coordenação Gráfica Kátia Verissimo
Coordenação de Comunicação Bruna Zarnoviec Daniel

COLEÇÃO SESC MEMÓRIAS
Coordenação Marta Colabone
Organização Iã Paulo Ribeiro
Colaboração Andrea Nogueira, Daniela Garcia, Dulce Ferreira, Elen Arevalo, Elizabeth Brasileiro, Felipe Sabino, Marcio Kawano
Apoio José Olímpio Zangarine

Solange Ferraz de Lima

As imagens da imagem do Sesc

Contextos de uso e funções sociais da fotografia na trajetória institucional

edições sesc

Preparação
Luiz Carlos Cardoso

Revisão e diagramação
Til – texto.imagem.linguagem

Capa
Mariana Bernd

Foto de capa
Fachada do edifício Alcântara Machado, na rua do Riachuelo, onde funcionou o Restaurante do Comerciário do Sesc, inaugurado em 1959, em São Paulo.

L6286i   Lima, Solange Ferraz de
           As imagens da imagem do Sesc: contextos de uso e funções sociais da fotografia na trajetória institucional / Solange Ferraz de Lima. – São Paulo: Edições Sesc São Paulo, 2014. –
           264 p.: il, fotografias.

           Inclui bibliografia.
           ISBN 978-85-7995-070-4

           1. Fotografia. 2. Sesc São Paulo. 3. Memória. I. Título. II. Serviço Social do Comércio de São Paulo

                                                                 CDD 770

Copyright © 2014 Edições Sesc São Paulo
Copyright ©2014 Solange Ferraz de Lima.
Todos os direitos reservados

EDIÇÕES SESC SÃO PAULO
Rua Cantagalo, 74 - 13º/14º andar
03319-000 - São Paulo - SP
Tel. (55 11) 2227-6500
edicoes@edicoes.sescsp.org.br
sescsp.org.br

Sumário

Apresentação – Danilo Santos de Miranda, 7

Introdução, 11

I. Imagem, imagens, 15
Recortes: as séries fotográficas, 17
    Série iconográfica *Revistas periódicas*, 18
    Série iconográfica *Livros comemorativos*, 20
Metodologia de análise, 24

II. Contextos de uso da fotografia, 29
Diálogos estéticos, 42

III. Da pedagogia da imagem na formação cultural do cidadão urbano, 81
Comerciários e comerciárias, esses desconhecidos, 81
As imagens ensinam sobre o teatro, 87
As imagens ensinam a ler, 98
Comerciária: entre a casa e o trabalho, os modelos para a "vida moderna", 107

IV. O corpo em movimento, 129
Esporte e sociabilidade: saudáveis movimentos, 130
Recreação e sociabilidade: a Colônia de Férias Ruy Fonseca, 152
Piscinas: as vedetes dos domingos ensolarados, 170
Comemorações e civilidade, 177

Conclusão, 187
Identidades e lugares, 190
Em nome da memória: novos significados para velhas fotografias, 194

Bibliografia, 197

Anexos, 203
Anexo I: Fichas das publicações, 203
Anexo II: Vocabulário controlado, 217
Anexo III: Gráficos por publicação, 223

Notas complementares, 247

Agradecimentos, 261

Apresentação

Um olhar sobre a história

Desde seu advento, a fotografia vem se estabelecendo como elemento de excelência, entre outras coisas, na guarda das informações geradas pelas sociedades, seja por sua praticidade, seja pelo afeto motivado pela lembrança. Sua invenção suscitou, conforme informam muitos livros que se detêm a respeito, sentimentos de um catastrofismo, um estandarte apocalíptico que costuma gerar toda ideia nova e pode motivar transformações profundas, sentidas por mentes cujos olhares seguem além do senso comum, divisando possibilidades.

Muitos são os trabalhos consistentes que têm como objeto de estudo a fotografia, como muito representativas são as mudanças que ocorreram em tão pouco tempo em torno desta técnica – principalmente no que concerne à mudança para o formato digital, que acaba interferindo significativamente em sua produção. Motivo de solenidade, preparo e acuidade ("preciso passar um perfume antes que me fotografem"), a fotografia se espraiou de modo fulminante e os aparelhos fotográficos se tornaram acessórios, dispostos nos mais diversos suportes – celulares, câmeras profissionais e amadoras, de segurança, canetas etc.

Falar sobre a fotografia não é tarefa fácil. Não pela falta de assuntos possíveis, mas, ao contrário, pela profusão de temas e usos que ela permite. O filósofo francês Roland Barthes, em seu livro *A câmara clara*, sobre a fotografia, afirma: "A fotografia não rememora o passado. O efeito que ela produz [é] o de atestar que o que vejo de fato existiu" (p. 123). Talvez por isso ela sirva tão bem como material de pesquisa para análise de um tempo passado, no entanto não necessariamente como um sopro de saudosismo, uma necessidade afetiva de memória, mas como constatação pura para entendermos o que vivemos no presente.

Esta parece ser a principal preocupação deste livro. Não se presta a uma fruição artística, em que poderemos nos deliciar com temas, cores, linhas e enfoques a respeito das fotografias. O que se permite neste trabalho é entender (ou pelo menos acender uma luz para o entendimento), junto às reflexões históricas e teóricas propostas na edição, qual imagem a instituição fez (e faz) de si. Sua principal contribuição é dispor as imagens (congeladas no tempo) e os documentos, que funcionam como ilustrações de políticas, desejos e impressões de determinados períodos da história do Sesc, principalmente no Estado de São Paulo.

Não é como um álbum de família, pelo menos para a maioria dos leitores, que desfrutaremos das páginas deste livro (embora com ele tenhamos informações preciosas de como pode ser observada uma foto mesmo de cunho pessoal). As fotos dispostas em seu interior ilustram comprovadamente possíveis "intenções" sociais, ideológicas e históricas do tempo abordado. "Intenções" que não passam por uma revelação milimetricamente calculada, algo pensado maquiavelicamente para servir a fins, quaisquer que sejam eles, mas que, afastados que estamos do tempo registrado, podem ser por nós delineadas como um projeto da sociedade mundial, algo que faz com que cidadãos e cidadãs nelas se identifiquem de forma mais homogênea.

Desde sua criação, em 1946, o Sesc passou por transformações ditadas, muitas vezes, pelos caminhos tomados pelas nações no planeta. Pensando que a globalização não nasce (como podem pensar alguns e como não podemos esquecer) do advento das redes de informática, mas que há séculos vem se fortalecendo no contato com os mais diversos e distantes povos, não podemos achar que dos anos 1940, 1950 em diante, não fôssemos atingidos por fenômenos sociais contundentes, como a Segunda Guerra Mundial (1939-1945). A criação da Organização das Nações Unidas (ONU) não é produto de uma única ideia vinda de um mero morador num país específico. Ela é fruto de movimentos transnacionais para garantir, entre outras tantas coisas, a dignidade da vida humana.

Com isso, quero dizer que a fundação do Sesc não está separada dos acontecimentos que permeavam o mundo num momento de pós-guerra – e não uma guerra qualquer, mas uma guerra globalizada –, como também não está alijada de escolhas políticas e econômicas, mas, sim, encontra-se como agente direto das profundas transformações sociais deflagradas no século XX. Como tal, este livro não se presta a ser um lugar de julgamento, não intenciona dar pareceres positivos ou negativos, separar o bem do mal, por mais mutáveis e efêmeros que estes valores muitas vezes pareçam ser. Este livro dispõe o olhar numa certeza (a foto que nos faz ver que aquilo realmente existiu) e afere-lhe uma compreensão.

Para o Sesc São Paulo, a presente publicação é mais um modo de olhar o trabalho (e tudo o que o envolve) desenvolvido pela instituição durante boa parte de sua existência, um documento que ajuda a fundamentar uma história construída por pessoas inseridas num contexto abrangente e fluido, uma publicação na qual nos reconheceremos não como um ponto firme e atuante no tempo e espaço, mas sim como formadores de algo incomensurável dentro de nossas parcas percepções, algo imenso como a humanidade.

DANILO SANTOS DE MIRANDA
Diretor Regional do Sesc São Paulo

Introdução

Este livro aborda a participação das fotografias na construção e constante atualização da imagem institucional do Sesc em São Paulo. A pesquisa que o sustenta foi desenvolvida a partir de uma perspectiva histórica e procura responder a duas questões: quais as funções da fotografia ao longo da trajetória do Sesc e de que forma a filosofia do Sesc se materializa na visualidade fotográfica.

A tais questões não cabe responder exclusivamente com as fontes visuais. Tratar os problemas históricos na dimensão visual da sociedade não significa restringir-se às fontes de cunho visual: seria empobrecedor e pouco eficaz.[1] Mas vale, contudo, encaminhar as respostas com a seguinte premissa: o que posso extrair das fotografias que nenhum outro documento me forneceria? Ou seja, de que maneira específica a fotografia contribuiu para a construção desta identidade institucional e, mais importante ainda, forneceu conteúdo visual à filosofia de atuação do Sesc?

As questões formuladas em relação à produção fotográfica do Sesc derivam de uma constatação feita no trabalho de consultoria prestado ao programa Sesc Memórias. Com o objetivo de melhor dimensionar as necessidades de organização física e documental do acervo fotográfico, procedeu-se a um diagnóstico nas unidades que resultou em dados surpreendentes. A estimativa de documentos fotográficos até o ano 2000 era de aproximadamente 70 mil unidades. Esse número deve ser pensado apenas como material preservado, pois é provável que a produção real tenha alcançado patamares mais elevados.

[1] Ulpiano Bezerra de Meneses, "Fontes visuais, cultura visual, história visual. Balanço provisório, propostas cautelares", *Revista Brasileira de História*, São Paulo, nº 23, nº 45, 2003, pp. 11-36.

É certo que, dada a natureza de sua atuação, abrangendo ações culturais de forte apelo visual (espetáculos de dança, música, teatro, exibição cinematográfica, exposições), era de se esperar um acervo fotográfico expressivo, resultado de processos de divulgação e registro das atividades. A prática fotográfica, no entanto, parece ter ultrapassado as funções de registro e divulgação para tornar-se um meio privilegiado de formação da memória institucional. Longe de ser uma exceção, essa característica da produção material do Sesc reitera uma particularidade da cultura urbana contemporânea, a saber, a valorização da dimensão visual como lugar estratégico para a criação e funcionamento de sistemas de referência da sociedade.

Por essa razão, buscou-se ver a construção da imagem do Sesc em São Paulo como integrada à dinâmica da sociedade paulistana na segunda metade do século XX. A produção fotográfica selecionada para o encaminhamento da pesquisa é tomada com o cuidado de, na abordagem de sua morfologia e de seus temas, flagrar indícios e sinais[2] que permitam entender as relações da trajetória do Sesc com a cultura urbana em São Paulo. Ou seja, trata-se de compreender as estratégias de construção da imagem do Sesc não como dado isolado ou derivado tão somente das decisões dos dirigentes institucionais e sim como consonantes com práticas culturais em determinado momento histórico.

Essa perspectiva se expressa no movimento da análise desenvolvida ao longo da pesquisa e que se buscou reproduzir na escritura do livro. Trata-se de um movimento de desenho triangular em torno dos vértices imagem institucional, sociedade paulistana e fotografia. Por vezes, a produção fotográfica serve de ponto de partida para entender a maneira pela qual valores e práticas se consubstanciaram no perfil cultural de camadas sociais urbanas emergentes; por vezes, são as práticas sociais que ajudam a explicar certas estratégias de construção da imagem institucional adotadas pelo Sesc e a que a fotografia dá concretude; e, por vezes, é possível flagrar nos valores e práticas sociais os efeitos da imagem institucional construída pela fotografia, ou seja, a imagem e seu suporte *em ação*.

O livro está organizado em quatro capítulos, uma introdução e uma conclusão. Três anexos o complementam, referindo as fontes fotográficas mobilizadas, o vocabulário controlado com as definições dos termos adotados para a descrição dos conteúdos visuais e os gráficos

2. Para usar uma referência ao método indiciário, tal como discutido em Carlo Ginzburg, "Sinais: Raízes de um paradigma indiciário", *Mitos, emblemas, sinais: morfologia e história*, São Paulo: Companhia das Letras, 1989, pp. 163-179.

que expressam as recorrências temáticas e formais a partir da aplicação dos descritores.

O primeiro capítulo apresenta o referencial teórico e metodológico adotado para a pesquisa, bem como as fontes fotográficas selecionadas, que foram agrupadas em duas séries segundo as características comuns do perfil e do tipo de circulação.

O segundo capítulo aborda os contextos de uso da fotografia no Sesc, tendo como referência o quadro mais amplo de produção fotográfica em São Paulo, e foca particularmente os diálogos estéticos estabelecidos entre profissionais e amadores. Quando foi que fotografias para o Sesc e sobre ele começaram a ser produzidas, com quais propósitos, segundo quais critérios e justificativas e quais as redes de profissionais envolvidos são alguns dos temas tratados.

O terceiro e o quarto capítulos tratam das funções que a fotografia cumpriu ao longo da trajetória do Sesc, focalizando a constituição de modelos que garantissem a formação de uma identidade do comerciário no contexto da cultura urbana dos anos 1950 e como o corpo serviu de suporte para a organização de representações em torno do trabalho e do tempo livre.

A conclusão retoma os temas tratados para identificar, nas estratégias visuais, de que maneira a filosofia de atuação do Sesc se manifesta na produção fotográfica analisada.

I. Imagem, imagens

Neste primeiro capítulo convém precisar as noções de imagem, imaginário e representações, visto que com base nessa plataforma se desenvolve a análise. E convém dar a ver o potencial das fotografias na sua atuação como suporte material das representações que integram o imaginário social. Além disso, apresenta-se a documentação fotográfica selecionada para análise, bem como a metodologia empreendida.

Imagem remete à maneira pela qual o indivíduo ou os grupos figuram mentalmente e conservam na memória dados de sua realidade cotidiana. Não se trata de um decalque dessa realidade no mundo mental e sim de uma forma de entender (e, portanto, classificar) os elementos da realidade. Remete também, lembra-nos Meneses (1997), aos processos de significação.

As imagens podem ser entendidas como conceituações e, nesse sentido, funcionam como sínteses dos diversos dados armazenados na memória a respeito de determinados elementos da sociedade. Não são concretas, portanto, apesar de dependerem dos suportes materiais para ser veiculadas, compartilhadas, discutidas, confrontadas (textos literários, jornalísticos, científicos; registros iconográficos, como fotografias, pinturas, gravuras, desenhos; imagens em movimento, como filmes e a televisão). As imagens são necessariamente dinâmicas, porque foram constituídas na história pelos processos de reprodução das relações sociais, envolvendo a atribuição de sentidos e valores às coisas.

As representações sociais, por sua vez, guardam estreita relação com as imagens e com o *imaginário*, que pode ser definido como o conjunto de imagens articuladas funcionando como um sistema de referências para os indivíduos. As representações sociais devem ser entendidas como indissociáveis das práticas sociais (Chartier, 1990).[3]

As noções de imagem, imaginário e representações sociais que serviram de referência teórica para esta pesquisa são as postuladas pela historiografia contemporânea, especialmente os escritos de historiadores do campo da História da Cultura como Roger Chartier, Raymond Williams, Maurice Aguillon, Pierre Nora e Carlo Ginzburg. No Brasil, entre os que estudam a cultura urbana nos séculos XIX e XX, essas noções foram absorvidas por historiadores como Sandra Jatahy Pesavento, Ulpiano T. B. de Meneses, Elias Thomé Saliba e Nicolau Sevcenko.[4]

Em se tratando de temas afinados com as representações sociais, uma importante constatação é que pouco se pode fazer com documentos isolados. Especialmente no caso das fontes fotográficas, é bom que sejam tomadas a partir de quantidades e em uma abrangência temporal significativa para dar lastro às hipóteses a ser encaminhadas – as séries documentais. Tal premissa encontra-se presente não só no campo da História Social para as fontes em geral, como também no campo da História da Arte (com a qual a aproximação pode ser frutífera para entender as especificidades dos discursos visuais e do pensamento plástico). Sobre a iconografia serial na História da Arte, o historiador especializado em arte medieval Jérôme Baschet procurou superar as limitações do instrumental metodológico da História da Arte para o trato com obras artísticas da Idade Média buscando o confronto de séries distintas de documentos, submetidos, por vezes, ao tratamento quantitativo. Suas formulações são, certamente, devedoras de aproximação com o campo da história serial, baseada no tratamento quantitativo dos dados no eixo temporal.[5]

A noção de série documental é cara ao historiador. Para além da definição advinda da arquivística,[6] ela se encontra assentada em uma (relativamente recente) problematização da relação do historiador com as fontes para a produção de conhecimento histórico da sociedade. É no âmbito da Nova História, cuja prática trouxe a eleição de novos temas e objetos – história das mentalidades, do imaginário, do cotidiano, da criança –, que se assiste a um alargamento daquilo que poderia ser considerado fonte ou documento para o historiador.

3. Esses conceitos foram amplamente tratados nos campos da Sociologia, Antropologia, Filosofia e Psicologia Social e acumulam uma fortuna crítica considerável, que não caberia retomar aqui. Vide nota complementar ao final do livro, na página 249.

4. Vide nota complementar ao final do livro, na página 249.

5. Vide nota complementar ao final do livro, na página 250.

6. "Série. Subdivisão do quadro de arranjo que corresponde a uma sequência de documentos relativos a uma mesma função, atividade, tipo documental ou assunto." *Dicionário brasileiro de terminologia arquivística*, Rio de Janeiro: Arquivo Nacional, 2005.

A história entendida a partir das diferenças, das rupturas, das sucessivas negociações sociais, que elege a memória como objeto e não mais com ela se confunde, exigia a confrontação de distintas fontes e abordagens na longa duração. Essa nova história recusou a supremacia do texto escrito e reconheceu as limitações do documento de arquivo. Passaram a ser mobilizadas fontes até então inusitadas, como os depoimentos, as imagens, os objetos circulados na vasta e complexa trama de espaços tornados lugares sociais (Certeau, 1994). Se a sociedade é o objeto e as fontes (visuais, materiais, textuais) são a matéria-prima para formular e encaminhar hipóteses de trabalho, e se essas fontes não se restringem mais ao documento de arquivo, a noção de série se vê igualmente alargada e passível de ser formada a partir dos recortes que os problemas históricos impõem. A esse respeito e especificamente sobre a questão de método, o historiador e medievalista Philippe Ariès afirma a propósito da história-problema:

> [...] como a busca das diferenças se sobrepõe a outro tipo de considerações, o historiador é conduzido a percorrer criticamente e a comparar vastos espaços, longos períodos, *corpi* documentais variados. A sua única limitação será a maior ou menor familiaridade que tiver com os dados que trabalha.[7]

Os arquivos fotográficos institucionais gerados no século XX caracterizam-se, em geral, por volumes maciços de documentos. Esse dado deve ser considerado e, assim, é desejável que as séries constituídas – recortes, segundo o olhar de quem as mobiliza para o conhecimento histórico – tenham um caráter de amostragem, ou seja, permitam estabelecer um diálogo do arquivo com o corpo temático construído para a pesquisa.

Recortes: as séries fotográficas

Para esta pesquisa, além dos critérios mais gerais acima elencados, o recorte documental pautou-se pela possibilidade de ter como certa a circulação das fotografias analisadas. Um dos grandes desafios lançados ao historiador que elege o campo das representações para operar o conhecimento histórico é aferir o consumo e a circulação social das fontes adotadas. Assim, partindo do pressuposto de que a imagem do Sesc na

7. Philippe Ariès, *Um historiador diletante*, São Paulo: Bertrand Brasil, 1994, p. 30.

sociedade é bem-sucedida e da hipótese de que a produção fotográfica cumpriu um papel importante nesse sucesso, a comprovação da hipótese depende, necessariamente, de considerar as imagens fruídas por um grupo mais amplo do que apenas o dos funcionários da instituição.

O *corpus* documental principal definido reúne um total de 1.488 fotografias circuladas ao longo de cinquenta anos de atividades do Sesc (Sesc/Senac em um primeiro período) nas seguintes publicações: *Sesc em Marcha* (1949-1951), *Revista do Comerciário* (1956-1960), *Sesc – Serviço Social do Comércio / Senac – Serviço Nacional de Aprendizagem Comercial* (1980), *Sesc – 41 anos a serviço da paz social* (1946-1987), *Sesc Santos* (sem data), *Sesc 50 anos* (1997). Essas publicações foram aglutinadas em duas séries – série iconográfica *Revistas periódicas* e série iconográfica *Livros comemorativos* – analisadas nas suas especificidades e características.

Têm-se, assim, duas séries iconográficas que por denominador comum e fundamental apresentam o favorecimento da fotografia como um dos meios de construção da imagem institucional e a efetivação disso graças à circulação alcançada. Por outro lado, elas guardam diferenças que permitem confrontos de circuitos e cronologias. Com exceção da década de 1960, as séries cobrem a produção e a circulação de documentos fotográficos de 1947 a 1997, característica importante para analisar a evolução dessa imagem – o que foi deixado para trás e o que é reforçado, ainda, no presente. A diversidade da recepção – no tempo e no circuito social – exige abordagem metodológica que consiga equilibrar o tratamento estatístico com o qualitativo, as narrativas encadeadas e os lugares dos quais se fala – do institucional ou da reportagem.

Série iconográfica *Revistas periódicas*

Esta série reúne 802 fotografias publicadas nos periódicos *Sesc em Marcha* e *Revista do Comerciário*. Ambas mantiveram periodicidade mensal ou bimensal com tiragem de 10 mil exemplares e, a partir de 1960, a *Revista do Comerciário* passou a contar com 15 mil exemplares. Em todas as edições a fotografia é presença constante. Parte integrante e indissociável da reportagem, ela informa sobre o presente, é "notícia" e, como tal, seus sentidos se encontram intimamente relacionados com o texto da reportagem e a legenda que a acompanha.

A revista *Sesc em Marcha*, lançada em novembro de 1949, tinha nesse final de ano a sua produção sob responsabilidade do Departamento de Divulgação. A partir de 1950 o Setor de Cultura, subordinado à Seção de Estudos e Pesquisas da Divisão Social, tornou-se o responsável pela edição. Em 1951, o Setor passou a ser Seção, sinal de que se ampliavam as atividades culturais na estrutura do Sesc. Ao longo dos três primeiros anos de publicação do periódico houve alterações na composição dos responsáveis pelo seu conteúdo, mas com uma constância: Maria Aparecida Campos Correa, que começou como redatora-secretária, tornou-se redatora-chefe em setembro de 1951, ao final do primeiro período editorial. Em setembro de 1951 o expediente incluiu o educador social José Luiz Fonseca Tavares, indício de uma especialização nas ações de divulgação das atividades institucionais.

A revista surgiu em formato tabloide (36 x 26 cm), com uma característica estética de interesse: suas fotomontagens de página inteira, apresentando fotografias sobrepostas para sugerir um resumo visual das atividades do mês. Essa qualidade estética da publicação será retomada adiante, em capítulo específico.

Era amplamente distribuída: a relação enumera o Sindicato dos Comerciantes e Comerciários da capital e do interior, firmas com mais de vinte empregados, todos os centros sociais, conselhos do Sesc e do Senac, Clube dos Amigos Sesc/Senac, Restaurante Alcântara Machado, colégios da capital e empresas da mídia impressa e radiofônica. Os exemplares eram enviados de acordo com a sua solicitação por correspondência e para "pessoas de representação social que, pelo número de relações que mantêm, devem estar bem informadas a respeito das atividades do Sesc".[8]

A *Revista do Comerciário* começou a circular em janeiro de 1956. Assim como a revista *Sesc em Marcha*, a produção de conteúdo e a linha editorial eram de responsabilidade do Setor de Cultura. O serviço fotográfico utilizado era o da Federação do Comércio. O educador social que figurava no último ano de circulação da *Sesc em Marcha*, José Luiz Fonseca Tavares, era o diretor responsável da *Revista do Comerciário* e assim permaneceu até meados de 1956; depois, seu nome passou a ser creditado como fundador, talvez pelo fato de se tratar de um projeto editorial gestado a partir da experiência com a publicação anterior. O corpo de redatores e a direção não se alteraram significativamente e,

8. *Relatório de atividades do ano de 1949*, São Paulo: Sesc, 1950, p. 81.

assim como na *Sesc em Marcha*, contava com uma mulher no núcleo editorial. A tiragem era a mesma, de 10 mil exemplares. Em 1960, último ano de sua circulação, a tiragem subiu para 15 mil exemplares. O formato da revista é o de um caderno. A característica estética de interesse no caso da *Revista do Comerciário* são as capas, sobretudo as primeiras, de apelo pictorialista, muitas de autoria de fotógrafos do Foto Cine Clube Bandeirantes.

Assim como a *Sesc em Marcha*, o principal objetivo da *Revista do Comerciário* era a divulgação das atividades do Sesc e do Senac. No entanto, apresentava um diferencial, indicado no texto do primeiro número e que de fato se confirma ao longo de toda a série. A revista queria:

> [...] ser um canal para o comerciário. Não pretende ser apenas educativa, ser apenas a revista feita pelo Serviço Social do Comércio, por seus redatores, mas deseja, principalmente, estampar, compor no linotipo aquilo que seus leitores enviarem, aquilo que desejarem [...]. Arejada e agradável, para ser lida após um dia de estafante serviço.[9]

Ambas as publicações contavam, além das notícias relativas às atividades do Sesc e do Senac, com seções de interesse geral – cinema, teatro, literatura, música, infantil, feminina. A *Revista do Comerciário* enfatizou mais o canal de comunicação com o comerciário. São recorrentes as matérias com entrevistas de funcionários de casas comerciárias, reportando visitas a associações e sindicatos. As fotografias são presença constante nessas matérias, acompanhadas de legendas de identificação do comerciário, seu local de trabalho ou seu sindicato.

Série iconográfica *Livros comemorativos*

Entre as publicações institucionais consultadas, os livros comemorativos foram os que melhor evidenciaram como o Sesc edita a sua imagem visual, dada a primazia fotográfica. As quatro publicações escolhidas reúnem 686 fotografias e, na proporção com os textos que as acompanham, representam a maior porção. Pode-se mesmo dizer que as narrativas dessas publicações são antes pautadas pelas imagens que os textos que as seguem. Foi essa a primeira evidência considerada para selecioná-las como parte do *corpus* documental. Embora as

9. *Revista do Comerciário*, jan. 1956, ano I, número 1, São Paulo: Sesc, p. 1.

demais publicações institucionais consultadas guardem semelhanças no uso abundante de fotografias, os livros comemorativos de efemérides apresentam a vantagem de compartilhar de um conceito editorial que ambiciona a totalidade das atividades, expresso por uma abrangência temática e cronológica capaz de realizar o balanço dos "anos vividos". Essa característica editorial permite aferir os sentidos da distribuição de imagens por temas e área de atuação, como se verá ao longo da análise.

As publicações selecionadas permitem também a cobertura de três décadas de produção fotográfica relativas às atividades do Sesc – as décadas de 1970, 1980 e 1990. O livro *Sesc – Serviço Social do Comércio. Senac – Serviço Nacional de Aprendizagem Comercial* foi publicado em 1980, teve direção e textos de Paulo Mendonça e contou com fotografias da autoria de Bob Wolfenson. Para os fins da análise nesse livro foram consideradas somente as 119 imagens que integram a parte relativa às atividades do Sesc. O livro *Sesc São Paulo 1946-1987 – 41 anos a serviço da paz social* tem direção de arte de Ricardo de B. Queiroz e cinquenta fotografias da autoria de Pedro Dantas e Beto Bonorino, oriundas do Arquivo DN (Diretório Nacional do Sesc Senac). Não há indicação da autoria dos textos. Já o livro *Centro Sesc São Paulo: uma ideia original*, editado em 1997, é o mais elaborado dos comemorativos, com 245 páginas e mais de 450 fotografias de diversas autorias,[10] além das oriundas do arquivo institucional (pesquisa iconográfica realizada por Paquito, o fotógrafo da instituição). A edição é de Miguel de Almeida e a preparação dos textos de Eduardo Alves da Costa. O livro *Centro Cultural e Desportivo Sesc Santos*, editado em 1989, distingue-se dos demais por centrar-se em uma unidade – centro cultural e desportivo, uma unidade operacional do Sesc. Mas a sua organização e o perfil editorial são semelhantes, contando com três partes distintas: a primeira reúne fotografias antigas e atuais da cidade de Santos, a segunda é dedicada às atividades da unidade e a terceira focaliza o projeto arquitetônico. Além da semelhança com o perfil editorial dos demais livros selecionados, que permite a análise utilizando os mesmos parâmetros, o diferencial dessa publicação é a atenção dispensada à arquitetura e às imagens de Santos (das suas 173 páginas, 66 são dedicadas a fotografias dessa cidade). O livro teve coordenação conjunta: Gláucia Mercês Amaral de Souza, Henrique Veltman e Jesus Vazquez Pereira. Os textos são de Rita Dutra Ruschel, Luís Alves Corrêa Pina, Dante Silvestre Neto e

10. Francisco J. F. Barroso (Paquito), Gabriel Cabral, Célia Thomé de Souza, Sidney Corallo, Gal Oppido, Penna Prearo, Giuseppe Brizarri, Sit Kong Sang e Pedro Ribeiro.

Erivelto Busto Garcia. Não há indicação de autoria das 94 fotografias da unidade e das fotografias de Santos. Outro diferencial do livro é que contou com patrocínio da empresa Método Engenharia, a responsável pela construção da unidade.

Figura 1. *Sesc Senac*, São Paulo, 1980, pp. 6-7

Do conjunto de publicações comemorativas, duas adotam um viés memorialista, ou seja, almejam uma retrospectiva que se realiza, sobretudo, por meio de fotografias das décadas de 1940 a 1980 (*Sesc São Paulo 1946-1987 – 41 anos a serviço da paz social*, de 1987, e *Centro Sesc São Paulo: uma ideia original*, de 1997).

Do ponto de vista editorial e gráfico, as quatro publicações primam por um tratamento que valoriza a fotografia: imagens "sangradas", ocupando páginas inteiras ou duplas (normalmente para a abertura de capítulos ou núcleos), sobreposições e predomínio de imagens sem legendas específicas ou de identificação dos conteúdos.

Figura 2. Sesc 41 anos, São Paulo, 1987, s.p.

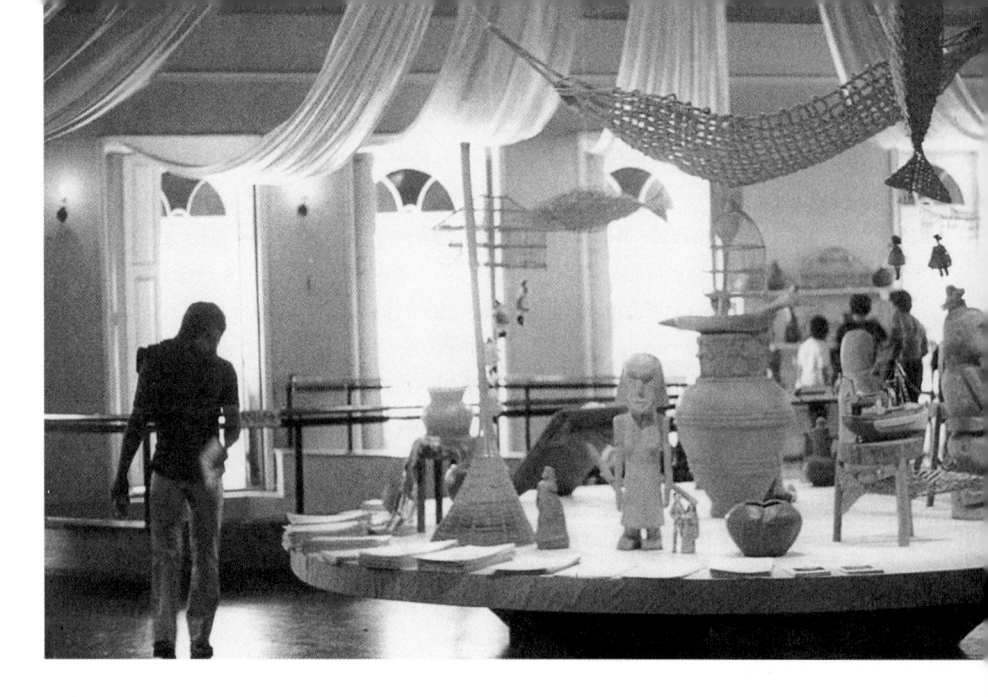

Figura 3. *Sesc 41 anos*, s.p.

Metodologia de análise

Na contemporaneidade e, sobretudo, em se tratando de fontes fotográficas mobilizadas pela história cultural, o tratamento quantitativo tem sido válido para o encaminhamento de problemas históricos. No Brasil, não são poucos os estudos que mobilizam fontes fotográficas pautados por essa abordagem.[11] Os trabalhos têm em comum a preocupação de garantir a análise morfológica da imagem, imprescindível se o intuito é entender a maneira específica de construção de sentido pela fotografia e, ao mesmo tempo, reconhecer permanências e rupturas na prática da linguagem fotográfica em função dos circuitos e múltiplas apropriações.

As recorrências, bem como as exceções, são conhecidas por meio do controle dos atributos visuais e temáticos dos conteúdos fotográficos. O tratamento das massas documentais nesse caso é realizado com o uso de descritores e palavras-chave[12] atribuídos a cada uma das fotografias que integram a série definida. Se nos catálogos eletrônicos e na *web* os descritores e as palavras-chave (ou *tags*, etiquetas em inglês, termo que popularizou a prática da indexação na *web*) servem para localizar e acessar informação, aqui eles servem para dar a ver, estatisticamente, o alcance deste ou daquele recurso formal e a recorrência de determinados temas. Essa abordagem das séries muito se vale, hoje, das ferramentas da informática, que viabilizam o retorno de quantificações por *tags* atribuídas para totais previamente constituídos.

11. O estudo pioneiro de Ana Maria Mauad, *Sob o signo da imagem: a produção da fotografia e o controle dos códigos de representação social na cidade do Rio de Janeiro, na primeira metade do século XX*, assim como outros trabalhos acadêmicos que seguiram essa linha investigativa. Vide nota complementar ao final do livro, na página 250.

12. Descritor é um tipo específico de palavra-chave que se restringe a descrever o que é dado no conteúdo visual. A palavra-chave pode ser um conceito abstrato; o descritor, jamais. Vide nota complementar ao final do livro, na página 251.

Para a presente pesquisa, foi desenvolvido um vocabulário controlado de descritores e palavras-chave específico, inspirado em vocabulários já existentes.[13] É importante frisar que o vocabulário controlado para tratamento de fontes mobilizadas para a pesquisa difere daquele utilizado para acesso e recuperação da informação em sistemas de organização documental. No caso da pesquisa, o vocabulário é construído tendo como horizonte os problemas e hipóteses formulados. É este o caso aqui. Não se pretendeu um vocabulário voltado para descrever e qualificar todos os elementos e dados visuais do conteúdo fotográfico, mas sim um vocabulário que garantisse à pesquisa o encaminhamento das hipóteses formuladas com base no levantamento exploratório da documentação fotográfica acumulada pelo Sesc. Trata-se, portanto, de um instrumental vinculado aos procedimentos metodológicos adotados e que não pode ser tomado à parte desse contexto.

O vocabulário está organizado em nove categorias de apreensão do conteúdo fotográfico, sendo três de identificação dos atributos formais (*abrangência espacial/enquadramento*, *tipologia da imagem* e *efeitos formais*) e seis de identificação dos elementos representados (*presença de elementos humanos/construídos e faixa etária*, *área de atuação*, *tipologia do espaço físico*, *identificação do espaço*, *identificação do evento* e *catalisador/vetor da imagem*). Esse vocabulário controlado com as definições de cada termo está no anexo II.

Formatado o instrumental de abordagem das fotografias, restava solucionar como esses dados seriam armazenados. Pensou-se no início em adotar um banco de dados (modelo Access) para esse fim. Como a necessidade era exclusivamente a recuperação estatística dos descritores e palavras-chave atribuídos, para isolar conjuntos e depois trabalhar com referências cruzadas, a solução mais fácil e acessível foi adotar o *software* PICASA, do Google. O PICASA, como muitos na sua categoria, é um *software* desenvolvido para a organização de álbuns digitais, de fácil compreensão para pleno acesso doméstico. Apesar de não quantificar e oferecer gráficos ou listagem na forma de relatórios, o programa atendeu plenamente às expectativas, retornando de modo confiável os dados de quantificação (gráficos no anexo III). O programa permite buscas cruzadas com mais de um descritor ou palavra-chave, tornando possível formar núcleos ou subséries de imagens que mereçam maior

13. O vocabulário reúne termos advindos da pesquisa de Carvalho & Lima, *op. cit.*, 1997, do *Vocabulário do Sesc para áreas de atuação* (sem data) e do *Dicionário Laban*, organizado por Lenira Rengel (São Paulo: Anablume, 2003).

detalhamento analítico, bem como comparações dos conjuntos.

Em média, cada fotografia recebeu cinco a oito descritores ou palavras-chave. O anexo III dá a conhecer os conjuntos isolados e o comportamento numérico de alguns descritores.

Há descritores que servem apenas para isolar conjuntos e que não foram, portanto, quantificados e expressos em gráficos. Daí não ser possível trabalhar com porcentagens sobre totais absolutos. Os resultados obtidos foram tabulados por publicação e transformados em gráficos para melhor visualização. Tem-se, assim, uma radiografia de como cada uma das seis publicações tratou seus temas, pois, para além dos dados revelados pelos atributos classificados, levou-se em conta o conceito da publicação – ele sempre deve ser considerado para relativizar dados absolutos.[14]

Todas as fotografias das séries receberam descritores posteriormente tabulados, com exceção da publicação *Centro Sesc São Paulo: uma ideia original* (1997), que teve tratamento diferenciado por causa das suas características editoriais. Essa publicação é a que reúne o maior número de imagens: são 423 relativas à trajetória da instituição, além de um conjunto de fotografias sobre fatos da história do Brasil. Ou seja, a publicação sozinha reúne quase o dobro das três demais publicações que integram a série. Em função da linha retrospectiva adotada, nela se encontram reproduzidas muitas das imagens originalmente publicadas na revista *Sesc em Marcha* e na *Revista do Comerciário*, por exemplo. A organização editorial aglutina as imagens por temas e áreas de atuação e não necessariamente por cronologia (embora a primeira parte concentre um maior número de imagens das décadas de 1940, 1950 e 1960).

Esta publicação ambiciona uma síntese visual da trajetória do Sesc. Assim, interessou verificar o que essa síntese reforçou ou deixou para trás. Ela servirá também para calibrar o entendimento de como se constituem visualmente as áreas de atuação do Sesc, pois a seleção de imagens realizada "interpreta" fotografias do passado em uma narrativa *do* e *para o* tempo presente.

Das categorias de descritores e palavras-chave, algumas foram priorizadas e aplicadas em todas as fotografias: abrangência espacial, o tipo de arranjo visual, o tipo de movimento representado, a área de atuação e o catalisador da imagem. As demais categorias, embora quantificadas,

14. Por exemplo, a publicação *Sesc Santos* apresenta uma seção dedicada à construção do edifício-sede, o que faz com que, na quantificação geral, haja menor presença de pessoas. No entanto, na parte dedicada às atividades, o perfil respeita as recorrências gerais, de grande presença de grupos exercendo ações.

não foram tratadas em gráficos e sim mobilizadas para cruzamento de referências. Por exemplo, o número de imagens da colônia de férias ou da maternidade (descritores da categoria tipologia do espaço) foi analisado no âmbito do total de imagens referidas como das áreas lazer ou saúde (descritores da categoria área de atuação).

Os resultados do tratamento quantitativo constituem o escopo das reflexões a seguir. Mas não exclusivamente. Por vezes foram as estatísticas que guiaram a análise e por vezes foi a narrativa da publicação, ou ainda a análise qualitativa de poucas imagens (sem necessariamente expressão estatística). O que deve ser aqui frisado é que a metodologia adotada tem por principal escopo a valorização da especificidade das fontes fotográficas para problematizá-las como vetores de representações sociais capazes de gerar efeitos na dimensão visual da sociedade em que circularam.

II. Contextos de uso da fotografia

A trajetória do Sesc tem como marco inicial a Conferência das Classes Produtoras que resultou na Carta da Paz Social (Teresópolis, 1945).

Iniciativa de destacados líderes empresariais daquele tempo, o documento que contém essas recomendações recebeu o nome de Carta da Paz Social e reflete as preocupações de personalidades do porte de Roberto Simonsen, João Daudt d'Oliveira e Brasílio Machado Neto, entre outros de seus autores e signatários, quanto à realidade brasileira do pós-guerra. É a partir dele que foram criados, pouco depois, o Sesc, o Sesi e o Senac. Em linhas gerais, as recomendações dos empresários propunham uma união nacional em torno da questão social, com o objetivo de reduzir de modo substancial as desigualdades sociais, criando condições efetivas para a incorporação das novas populações urbanas numa efetiva cidadania.[15]

No ano seguinte, em 30 de outubro, Dia do Comerciário, o Conselho Regional do Sesc se formou sob a presidência de Brasílio Machado Neto.
A primeira referência ao uso da fotografia para registrar as atividades do Sesc São Paulo aparece no segundo relatório institucional, de 1948, ilustrado com 34 fotografias reproduzidas em cópia heliográfica referentes à Clínica Central de Serviços Especializados Gastão Vidigal. A produção fotográfica estava subordinada ao Departamento

15. "Sesc. Uma ideia original", *Sesc São Paulo 50 anos*, São Paulo: Sesc, 1997, p. 27.

de Divulgação, que, por sua vez, integrava a Divisão de Coordenação e Propaganda. O Serviço de Divulgação era responsável pelas relações públicas com os órgãos da mídia (imprensa, rádio, cinema). O chefe do Serviço de Divulgação nos primeiros anos do Sesc foi Rui Nogueira Martins, que também coordenou o Departamento de Divulgação da Associação Comercial e da Federação do Comércio. Esse Serviço recebia orientação direta dos presidentes do Sesc e do Senac, para os quais a divulgação era feita conjuntamente. No relatório de 1949 é descrita a estratégia de divulgação adotada:

> O Departamento de Divulgação das quatro entidades empregou o sistema de redigir suas informações em moldes jornalísticos, apresentando ao público ou o fato material que concretizasse um dos muitos empreendimentos da classe dos empregadores ou o assunto. [...] Passaram assim, o "fato" e o "assunto", a ser os pontos dominantes no material distribuído aos jornais.[16]

No ano seguinte são relatados os resultados da divulgação em 1950, já segundo esta estratégia e orientação:

> No primeiro semestre, o Departamento de Divulgação acompanhou o desenvolvimento do curso de noções de teatro, enviando copioso material à imprensa e ao rádio. Por vezes, juntou fotografias às notícias. Dedicou especial atenção às atividades do teatro do comerciário, fez publicidade em torno do milésimo almoço oferecido pelo restaurante do Sesc e elaborou cuidadoso noticiário relativo à inauguração em Piracicaba do Centro Social, tendo enviado a essa cidade do interior de SP um dos seus redatores acompanhado de fotógrafo.[17]

Os dois eventos referidos no relatório foram noticiados na *Sesc em Marcha*. A cobertura do 1.000° almoço figura no número 3, edição de março-abril de 1950, com uma fotografia em plano fechado do comerciário contemplado. A inauguração do Centro Social Décio Ferraz Novais (e escola Senac), em Piracicaba, ocupa a primeira página do número 6, edição de maio-junho do mesmo ano, com três fotografias distribuídas entre o texto que detalha as solenidades: uma da fachada do centro social e escola Senac, outra

16. *Relatório de atividades do ano de 1949*, São Paulo: Sesc, 1950, p. 88.

17. *Relatório de atividades do ano de 1950*, São Paulo: Sesc, 1951, p. 52.

da mesa que presidiu a inauguração e uma, maior, focalizando a plateia lotada do teatro local, em que a cerimônia de inauguração teve lugar. O fotógrafo não é identificado, uma característica de todos os números dessa publicação.

Figura 4. *Sesc em Marcha*, mar-abr 1950, p. 1

A fotografia aparece aqui em contexto semelhante ao do fotojornalismo, no qual o fotógrafo é pautado para a cobertura de um evento em parceria com um repórter ou, como no caso, um redator. O modelo adotado para o uso da fotografia é o que se disseminou,

Figura 5. *Sesc em Marcha*, mai-jun 1950, p. 1

a partir dos anos 1920 na Europa e a partir da década de 1930 no Brasil, como fotorreportagem. A fotorreportagem caracteriza-se não apenas pela presença (por vezes abundante) da fotografia na imprensa, mas resulta de uma mudança de caráter paradigmático na relação do homem moderno com a realidade, que passa a ser reportada por jornais e revistas ilustradas, delineando ao longo do século XX uma cultura urbana forjada pela informação visual. Na fotorreportagem, a fotografia assume parte do processo narrativo graças aos projetos editoriais, que investem na diagramação e em elementos gráficos para valorizar os chamados "instantâneos", utilizados nas reportagens e no discurso do período para designar a fotografia não posada, o flagrante de um momento do evento ou acontecimento. A realização da fotografia instantânea era a novidade da linguagem fotográfica do momento.[18]

A revista O Cruzeiro (1928-1954) foi a grande referência desse padrão de uso da fotografia em revistas ilustradas, sobretudo na década de 1930 e 1940.[19] As editorias das revistas ilustradas passaram a empregar o fotógrafo em outras bases – ele se torna mais atuante na reportagem, na medida em que a fotografia assume funções narrativas e não meramente ilustrativas. É muito provável que o modelo disseminado pela revista estivesse no horizonte do Departamento de Divulgação, dada a preocupação de juntar fotografias às matérias de "caráter jornalístico".

Outro uso da fotografia, além desse de orientação fotojornalística, encontra-se indicado no mesmo relatório:

Serviço fotográfico
O departamento não se descuidou do serviço fotográfico. Juntamente com o trabalho de notícia, não deixou de documentar com fotografias, quando necessário, as atividades do Sesc. Já se acham organizados trinta álbuns fotográficos, com outros tantos em elaboração.[20]

A fotografia aqui não "noticia", mas "documenta" as atividades. A maneira adotada de organização dessa nascente memória fotográfica é o álbum, que se manteve como recurso preferencial na organização da produção fotográfica nas unidades até os dias de hoje. O que se considerava necessário documentar não é dado a conhecer. Embora o serviço

18. A fotografia instantânea está atrelada a uma série de melhorias tecnológicas nos equipamentos e materiais fotográficos que resultaram em câmeras menores, com lentes mais luminosas, maior velocidade de captação e filmes capazes de fixar o movimento com qualidade.

19. A disseminação das revistas ilustradas acontece com destaque na Alemanha, no período após a Primeira Guerra Mundial (1914-1918). Vide nota complementar ao final do livro, na página 251.

20. *Relatório de atividades do ano de 1950*, São Paulo: Sesc, 1951, p. 53.

fotográfico estivesse, como se pode ver, desde muito cedo integrado às atividades do departamento de divulgação da instituição, não é aberto nenhum cargo ou vaga para a função de fotógrafo. As necessidades de produção fotográfica tenderiam a aumentar, assim como as de organização do material produzido, levando à contratação, nesse mesmo ano, de um arquivista.

Nos anos seguintes, até 1954, as referências nos relatórios reiteram a dupla função atribuída à fotografia – compor matérias para a revista *Sesc em Marcha* ou a imprensa geral, bem como documentar para a conservação. O relatório de 1954 e o de 1955 são ilustrados com vinte e trinta fotografias, respectivamente, muitas das quais figuram também reproduzidas na *Sesc em Marcha*.

Por ocasião do primeiro aniversário da Colônia de Férias Ruy Fonseca, em 1949, o Sesc promove uma exposição de fotografias:

> 8. Exposição de Fotografias da colônia de férias em vitrines de firmas comerciais: comemorando o primeiro aniversário da colônia de férias e o Dia do Comerciário – 30 de outubro –, além da Olimpíada Comerciária, foi organizada uma exposição de fotografias em firmas do centro e dos bairros mais populosos. Entre as firmas que possuem vitrines mais bem montadas e situadas na cidade, trinta colaboraram conosco conservando a exposição por vinte dias.[21]

Como estratégia de divulgação, a ideia de expor em estabelecimentos comerciais é original e bem-sucedida – a fotografia acaba por cumprir, em circuito distinto do de fotojornalismo, função semelhante para a disseminação das ações do Sesc. Tal uso é indicativo da consciência que os responsáveis por essa área no Sesc tinham de como a visualidade se tornava uma dimensão fundamental para a construção de imagens.

Após a exposição nos estabelecimentos comerciais, as 27 fotografias sobre a colônia de férias são expostas na Galeria Prestes Maia[22] e, em seguida, cumprem um roteiro itinerante – figuram no encerramento do 2º Ciclo da Universidade do AR organizado na Escola Senac e são mencionadas mais duas exposições em Campinas, no saguão do Teatro Municipal.

A exposição foi o resultado de outro uso da fotografia – a realização de concursos entre os comerciários em férias na colônia, atividade que

21. *Relatório de atividades do ano de 1950*, São Paulo: Sesc, 1951, p. 62.

22. A Galeria Prestes Maia, construída na administração de Prestes Maia na Prefeitura de São Paulo (1938-1945), abrigava os Salões de Arte Moderna (cuja primeira edição aconteceu em 1951), de Belas-Artes e do Sindicato dos Artistas Plásticos, além de figurar como importante centro de produção e difusão da cultura visual em São Paulo, em meados do século XX.

se inicia em 1949 e continuará nos anos seguintes. Nos relatórios, bem como nas publicações (a revista *Sesc em Marcha* até 1951 e, a partir de 1956, a *Revista do Comerciário*), a divulgação dos concursos e de seus resultados identifica este como "arte fotográfica", produzida pela prática amadora da fotografia.

Figura 6. Grande Prêmio – "Encanto palmeirense" – Francisco Afonso Alburquerque, *Sesc em Marcha*, nov 1949, p. 6

Figura 7. "Reparos" – a foto premiada, *Sesc em Marcha*, jul-ago 1951, p. 1

23. O Foto Cine Clube Bandeirantes foi fundado em 1939. Em 1945 foi criado o Departamento de Cinema no Clube, configurando a atual denominação. Vide nota complementar ao final do livro, na página 251.

O primeiro concurso, realizado em fins de 1949, tem entre os primeiros colocados o advogado Eduardo Salvatore, um dos mais importantes nomes na história da prática fotográfica amadora no Brasil. Salvatore foi diretor do Foto Cine Clube Bandeirantes[23]

Figura 8. 1º. Prêmio – "Lua de mel" – Carlos Frederico Latorre, *Sesc em Marcha*, nov 1949, p. 7

de 1943 a 1990, participava sistematicamente de júris de salões e concursos de fotografia, promovia excursões fotográficas e intercâmbios de organizações amadoras da fotografia no Brasil e no exterior.[24]

24. Helouise Costa e Renato Rodrigues da Silva, *A fotografia moderna no Brasil*, São Paulo: Cosac & Naify, 2004, pp. 51-52.

Nas páginas da revista *Sesc em Marcha* de fins de 1951, Salvatore aparece não mais como participante dos concursos e sim como jurado. Nesse mesmo ano, o relatório de atividades faz referência à criação de um fotoclube entre os comerciários que contava já com 32 sócios e "orientação técnica competente", possivelmente a cargo de Eduardo Salvatore.

No relatório de atividades de 1952 há referências mais precisas sobre o concurso de arte fotográfica. Foram 29 candidatos inscritos com 147 fotografias, concorrendo nos temas "a vida na colônia", "a colônia" e "Bertioga pitoresca":

> Essas fotografias deram oportunidade a duas conferências proferidas pelo Prof. Yalenti, sobre arte fotográfica. As fotografias premiadas foram expostas em vitrines de casas comerciais do centro da cidade; aos vencedores, couberam medalhas [...].[25]

O palestrante "Prof. Yalenti" era nada menos que o fotógrafo José Yalenti,[26] considerado um dos precursores da fotografia de arquitetura, conhecido como mestre da contraluz e integrante da Escola Paulista. As palestras ministradas na colônia de férias provavelmente discorreram sobre aquilo que podia ser considerado a vanguarda da produção fotográfica contemporânea em São Paulo no âmbito da prática fotográfica amadora.

A inserção da prática amadora fotográfica nas atividades de lazer promovidas pelo Sesc para a colônia de férias é um dos caminhos para entender tanto o perfil dos agentes sociais envolvidos quanto as estratégias adotadas de construção de redes e identidade da *classe comerciária*. Nesse caso, a fotografia, ou a sua prática amadora, permite a primeira aproximação com o universo de valores em jogo no âmbito da cultura urbana paulistana, lembrando aqui o movimento que caracteriza a análise empreendida por esta pesquisa, sempre no propósito de triangular a visualidade fotográfica, a sociedade e a imagem institucional do Sesc.

O amadorismo na fotografia guarda uma longa tradição. A sua difusão encontra-se associada ao lançamento no mercado das câmeras Kodak, que veio facilitar enormemente as operações de captação da imagem, e, além disso, a empresa assumia o processo de revelação, de-

---

25. *Relatório de atividades do ano de 1952*, São Paulo: Sesc, 1952, p. 37.

26. Formado em engenheira pela Escola Politécnica de São Paulo - USP, foi um dos fundadores do Foto Cine Clube Bandeirantes e tem trabalhos em coleções brasileiras e internacionais, com destaque para a TATE Modern (Londres, Inglaterra).

sonerando o consumidor da necessidade de laboratório de revelação e ampliação. A popularização da câmera fotográfica certamente ampliou a prática amadora dos que se dedicam à fotografia de eventos familiares, com a Kodak sendo para eles, de fato, uma libertação. Mas há outra classe de fotógrafos amadores, formada pelos que elegeram a fotografia como exercício não profissional de linguagem e entendendo-a como manifestação artística. Esses amadores não se intimidavam com a complexidade técnica da prática fotográfica.

Presente desde o início do século XX em diversas cidades brasileiras (Porto Alegre teria sido a primeira delas a contar com um fotoclube, organizado em 1903), a consolidação desse tipo de associação de caráter recreativo se dá com a fundação do Photo Club Brasileiro, em 1923. Essa prática fotográfica amadora foi, no Brasil, a grande promotora do pictorialismo, movimento que, nas palavras de Helouise Costa, se tornou "alavanca de superação da estética documental do século XIX, instaurou a fotografia como realidade construída e abriu caminho para as experimentações modernistas".[27] A estética pictorialista aproximava a fotografia da pintura e seus adeptos utilizavam não só das convenções formais praticadas nas academias de belas-artes como também das técnicas que pudessem dotar a imagem fotográfica de texturas próprias da gravura ou da aquarela.

No caso de São Paulo, o fotoclubismo praticado também se filiava aos preceitos acadêmicos, mas deles se afastou para, nos anos 1940, levar a cabo uma experimentação formal que culminou na estética fotográfica moderna. Algumas pesquisas sobre a prática fotográfica no Brasil, especialmente as que partiram de coleções privadas,[28] trazem subsídios para o entendimento da prática amadora como fenômeno social indissociável das formas de exteriorização de valores caros às camadas médias em ascensão das sociedades urbanas. Muitas coleções de fotógrafos amadores, formadas ao longo do século XX, permitem concluir tratar-se de um *hobby* que exigia constante atualização (de câmeras, tipos de filme, papéis, químicos), ou seja, investimento de capital. Esses fotógrafos amadores eram, na sua maioria, profissionais liberais (engenheiros, advogados, médicos) que gozavam de certa estabilidade financeira.

Partindo da hipótese de Gisele Freund,[29] de que o retrato fotográfico no formato *carte de visite*, criado por Disdèri em 1854, representou

27. Helouise Costa, "Pictorialismo e imprensa: o caso da revista O Cruzeiro (1928-1932)", Annateresa Fabris (org.), *Usos e funções da fotografia no século XIX*, São Paulo: Edusp, 2001, p. 261

28. Cf. Gavin Adams, *A mirada esteroscópica e sua expressão no Brasil*, doutorado, Escola de Comunicações e Artes, São Paulo (ECA-USP), 2004, 2 v.; Adriana Maria Pinheiro Martins Pereira, *A cultura amadora na virada do século XIX: a fotografia de Alberto de Sampaio*, Petrópolis/Rio de Janeiro, doutorado, Departamento de História, FFLCH/USP, 2010.

29. Gisele Freund, *La fotografía como documento social*, Barcelona: Gustavo Gili, 1986.

o meio de formação de uma identidade pública no processo de consolidação da sociedade burguesa na Europa oitocentista, é possível afirmar o mesmo para a prática fotográfica amadora, integrante, assim como outras práticas – ciclismo, automobilismo etc. –, do rol de estratégias conformadas para manter e reproduzir redes sociais. Essas culturas amadoras instituem seus lugares e formas de associação, como os clubes,[30] garantindo modos de distinção social, de criação de consensos e identidades baseados em preferências de caráter artístico-cultural. Sobretudo para as camadas socialmente ascendentes, as culturas amadoras propiciam os meios de apropriação de repertórios gerados nas esferas da alta cultura.

Esse contexto de uso da fotografia promovido pelo Sesc com a contribuição dos dirigentes do Foto Cine Clube Bandeirantes fornece alguns elementos importantes para especular a respeito do perfil dos grupos sociais que, integrados à nova rede de *comerciários*, vão usufruir das práticas culturais nos mais diversificados espaços construídos pelo Sesc.

Nas décadas de 1940 e 1950, o promissor setor terciário começa a conformar o perfil de metrópole para São Paulo, fortemente marcada pela presença estrangeira, ou melhor, a segunda geração de imigrantes que aportara na capital na virada do século XIX para o XX.

> A metrópole moderna, que era São Paulo, deixava-se entrever na pluralidade das atividades aí realizadas. Para além das atividades industriais, o comércio e as finanças ingurgitaram o setor terciário, outro sinal distintivo das grandes urbes. Cresceu a rede de ensino, dos cursos profissionalizantes, dos serviços pessoais, emergindo estabelecimentos de luxo, a exemplo de hotéis, restaurantes, bares, salões de beleza, clubes, saunas, escolas de judô, de ioga, além dos serviços prestados no recinto doméstico, empregadas, motoristas e outros mais.[31]

A socióloga Maria Arminda do Nascimento Arruda bem descreve esse singular processo de mobilidade social de São Paulo como uma espécie de negociação da burguesia local agrária decadente com as elites recém-enriquecidas no setor industrial, nos redutos da cultura em que essa burguesia ainda gozava de privilégio – a literatura, o teatro,

30. Adriana Pereira, *op. cit.* O fotoclubismo ganha muito rapidamente um caráter internacional. Nas capitais europeias, os fotoclubes surgem em meados do século XIX e se espalham rapidamente.

31. Maria Arminda do Nascimento Arruda, *Metrópole e Cultura: São Paulo no meio do século XX*, São Paulo: EDUSC, 2001, p. 56.

as artes plásticas. Se essa geração de origem estrangeira podia desfrutar de um dos mais importantes benefícios da mobilidade social, o ensino superior de qualidade oferecido pela Universidade de São Paulo, a Universidade Mackenzie, a Escola de Sociologia e Política, para o aprendizado erudito e cultural os espaços não eram os formais. E, quanto a esse período particular, Maria Arminda chama a atenção para a "capacidade de assimilação das novas elites, por via das ritualizações matrimoniais, das celebrações contratuais em negócios comuns, pela convivência cotidiana em espaços de lazer", dentre os quais destaca os bares, sobretudo os localizados ao redor da Biblioteca Mário de Andrade, na Praça Dom José Gaspar.[32] A Galeria Prestes Maia, situada no mesmo entorno, pode ser incluída como parte desses espaços não formais.

A exposição de fotografias amadoras, resultado do concurso promovido pelo Sesc sobre a colônia de férias e na colônia, provavelmente fomentou aproximações dos indivíduos de estratos diferenciados da sociedade, muitos deles identificados como comerciários (balconistas, gerentes, engenheiros, advogados e outros), ou como intelectuais, como artistas, como empresários... Enfim, todos frequentadores desse novo centro polifônico da capital paulista.

Se no Brasil a fotografia ainda não gozava plenamente de seu estatuto de objeto artístico, dada a sua história recente,[33] e por isso fosse pouco considerada nos redutos da alta cultura, será a prática amadora o meio para a experimentação de uma linguagem moderna de características locais e, ao mesmo tempo, a sensibilização e conhecimento do repertório das artes plásticas. Assim, ao incluir a prática amadora nas suas atividades culturais, o Sesc institui a fotografia como mediadora nesse processo, concorrendo para a ampliação do repertório cultural de seus associados.

A divulgação dos concursos de fotografia amadora e mesmo do resultado nos periódicos institucionais, por sua vez, pode também ser vista como uma prática integrada à modernidade urbana, noção para a qual as revistas ilustradas lograram contribuir de inúmeras maneiras – nos temas abordados, na apresentação formal, nos discursos dirigidos. Nesse caso, merecem aqui ser tratados alguns aspectos formais das edições, pelo que acrescentam ao entendimento das funções da visualidade fotográfica no contexto.

32. *Op. cit.*, p. 57. Ver também Lúcia Helena Gama, *Nos bares da vida, produção cultural e sociabilidade em São Paulo – 1940-1950*, São Paulo: Editora Senac SP, 1998.

33. Desde fins do século XIX, muitos fotógrafos europeus advogam em prol da consideração da fotografia como arte, sobretudo os seguidores do movimento pictorialista. Vide nota complementar ao final do livro, na página 252.

Diálogos estéticos

34. Cf. Annateresa Fabris, "Entre arte e propaganda: fotografia e fotomontagem na vanguarda soviética", *Anais do Museu Paulista: História e Cultura Material*, v. 13, nº 1, São Paulo, jan./jun. 2005.

Figura 9. *Sesc em Marcha*, nov 1949, p. 10

Figura 10. Aleksander Rodchenko e Varvara Stepanova, Sem título, 1939 (Victor Margolin, The struggle for utopia: Rodchenko, Lissitzky, Moholy-Nagy, 1917-1946, Chicago: University of Chicago Press, 1997, p. 208).

É impossível não estabelecer um paralelo formal quase imediato entre as páginas duplas ou contracapas diagramadas com fotomontagens da revista *Sesc em Marcha* e a produção de Alexander Rodchenko (1891-1956), artista plástico, fotógrafo e *designer* gráfico russo que participou ativamente do movimento construtivista na Rússia e foi o responsável por vasta produção de cartazes e capas para publicações ilustradas. Rodchenko e sua esposa Varvara Stepanova fotografaram e ilustraram trabalhos do poeta Maiakóvski, além de assumir o leiaute da revista que divulgava o movimento construtivista na Rússia, a *LEF*.[34] Influenciado pela produção de artistas alemães vinculados ao movimento dadaísta, Rodchenko começou a produzir fotomontagens em meados da década de 1920.

O primeiro número da *Sesc em Marcha*, de novembro de 1949, já traz uma fotomontagem, prática que se torna recorrente nos demais números, como recurso de síntese das atividades reportadas. Essa primeira fotomontagem, legendada com a frase "Senac, padrão de cultura intelectual e física", organiza-se com base nos mesmos recursos que marcaram a obra de Rodchenko – o uso de diagonais que geram efeitos dinamizadores na imagem e a presença de elementos com similitude de formas, surtindo efeitos de cadência no ritmo de sua fruição.

Outro recurso recorrente nas fotomontagens publicadas na revista *Sesc em Marcha* é a seleção de imagens com profusão de pessoas que, quando justapostas, geram arranjos formais de alta densidade visual – a concentração de pessoas que parece extrapolar o quadro (imagem "sangrando" para além do enquadramento) e a ausência de linha do horizonte causam uma tensão dinâmica. As multidões, por vezes organizadas formalmente pela cadência, em virtude das repetições de gestos (na plateia, em desfiles, apresentações), ou dispersas em profusão, geram formalmente múltiplas direções de força na imagem. Nas páginas com fotomontagem a narrativa é sugerida por meio de recortes que indicam o foco em um evento, ou por alternâncias entre a plateia que assiste e o que é assistido.

Figura 11. *Sesc em Marcha*, jan 1950, p. 12

Figura 12. *Sesc em Marcha*, set-out 1950, p. 7

45

Figura 13. *Sesc em Marcha*, nov-dez 1950, p. 12

Figura 14. *Sesc em Marcha*, jan-fev p. 12

Figura 15. *Sesc em Marcha*, set-out 1950, p. 12

Figura 16.
Sesc em Marcha,
mar-abr 1950,
p. 12

Amplia-se a Colonia de Férias Rui Fonseca. Instantâneos da cerimônia de cobertura do novo Pavilhão. Dr. Paulo Uchôa de Oliveira colocando a última telha.

49

Figura 17.
Sesc em Marcha,
dez 1951, p. 12

As figuras recortadas e sobrepostas, criando contrastes ou inversões acentuados de escala, bem como a diagramação que dispõe imagens fragmentadas a partir de linhas diagonais, aproximam a publicação dos usos da fotomontagem não só na Rússia como na Alemanha e mesmo no Brasil. O denominador comum é sugerido pela temática derivada da cultura urbana – ou a própria cidade, ou as massas trabalhadoras que nela vivem.

A Alemanha foi o berço do dadaísmo e de seus artistas expoentes George Grosz e John Heartfield.[35] Os temas, a organização formal centrada em linhas diagonais (e sugerindo instabilidade), a fragmentação e o contraste de escalas foram recursos formais praticados nas artes plásticas por meio do movimento dadaísta e que migraram para as revistas ilustradas. Em *The City* (1916/17), de George Grosz, estão presentes todas essas qualidades formais, que das artes plásticas chegaram à fotografia e à imprensa ilustrada, já em contexto de crítica política, como na fotomontagem de John Heartfield publicada no jornal ilustrado do Partido Comunista em Praga, o *AIZ – Arbeiter Illustrierte Zeitung*.

35. George Grosz (1893-1959) nasceu em Berlim, estudou em Dresden e é considerado um dos fundadores do movimento dadaísta. John Heartfield, nascido Helmut Herzfeld (1891-1968), em Berlim, é considerado o pioneiro da fotomontagem voltada às temáticas políticas. Vide nota complementar ao final do livro, na página 252.

Figura 18. George Grosz,
The City, 1916-1917

Figura 19.
John Heartfield,
Hitler tells
fairy tales II,
AIZ Illustrierte
Volksblatt, 1936

As fotomontagens presentes na publicação ilustrada *Sesc em Marcha* indicam o compartilhamento de uma mesma cultura visual e o circuito de apropriações de temas e recursos formais, ainda que em outro contexto.

As referências são também locais. Em 1935, surge em São Paulo a revista ilustrada que faria uso pioneiramente dessa estética de influências dadaístas, além de outras inovações no campo gráfico e editorial: a revista *S. Paulo*, editada pelo Governo do Estado na gestão de Armando Salles de Oliveira, a primeira a ser rodada em rotogravura. A revista reunia em sua equipe os escritores Cassiano Ricardo (1895-1974) e Menotti del Picchia (1892-1988) e contava com a participação também dos fotógrafos Theodor Preising e Benedito Junqueira Duarte.[36] O historiador da fotografia Ricardo Mendes, ao analisar essa publicação e como nela figura a cidade de São Paulo, chama a atenção para alguns elementos:

> A cidade articulada é fundamentalmente um espaço de socialização e não de produção. As massas que ocupam as imagens são as presentes em manifestações políticas como desfiles, eventos públicos como o carnaval com "apoio oficial" e, especialmente, as associadas à presença do Estado. Seja através de sua atuação na área de ensino primário, seja na formação de mão de obra para a agricultura.
>
> Se o corpo da cidade pode ser figurado por suas instituições e as multidões como objeto de sua ordenação, outro símbolo recorrente na publicação são os edifícios. Mais do que isso, são os edifícios em obras: a construção. Desde o primeiro número, a imagem inicial é formada por obras de engenharia civil. A figura "edifício em obra" foge, em parte, da esfera da obra pública; são antes de mais nada prédios de apartamentos. Embora a verticalidade seja um aspecto importante associado à cidade – como explicita a montagem com arranha-céus incluída no número 1 sob o título "O sentido paulista da vida brasileira quer dizer: organização" –, é o fato da construção o que melhor expressa o projeto político da revista, o de edificação de um símbolo para o "caráter empreendedor".[37]

A presença das massas "organizadas" e das construções nas fotomontagens da revista *S. Paulo*, que apresentam os mesmos recursos

---

36. Sobre a revista *S. Paulo*, cf. artigo de Ricardo Mendes, "A revista *S. Paulo*: a cidade nas bancas", *Imagens (Campinas)*, Campinas: Unicamp, dez. 1994, v. 3, pp. 91-97.

37. Ricardo Mendes, *op. cit.*

formais das páginas-síntese das atividades do Dia do Comerciário ou do Natal do Comerciário, não deixa dúvidas quanto a seu papel inspirador para a equipe da publicação *Sesc em Marcha*, mais de dez anos depois.[38]

Figura 20. Revista *S. Paulo*, n. 10. Acervo Museu Paulista da USP.

38. Até nas dimensões percebem-se semelhanças: a revista *S. Paulo* tem formato tabloide medindo 44 x 30 cm e a *Sesc em Marcha* apresenta o mesmo tipo de formato, porém um pouco menor: 36 x 26 cm.

Figura 21.
Revista *S. Paulo*

Infelizmente, assim como ocorre com a revista *S. Paulo*, é desconhecida a autoria do projeto gráfico e da diagramação da revista *Sesc em Marcha*. Mas algumas pistas sobre a equipe responsável pela segunda revista revelam aproximações dos profissionais envolvidos com ambas as instituições que as lançaram.

O redator-secretário da *Sesc em Marcha*, Randolfo Homem de Mello, por exemplo, foi o ganhador no primeiro concurso organizado pelo Foto Cine Clube Bandeirantes, em 1939. Em 1940, passou a integrar a diretoria do clube. Randolfo não era apenas sócio do Foto Cine Clube, mas fazia parte também do seleto grupo de intelectuais (Mário de Andrade, Sérgio Milliet, Alcântara Machado, entre outros) que idealizou a criação do Departamento de Cultura, em São Paulo, em meados dos anos 1930.[39] É possível especular que, como amador da fotografia, Randolfo Homem de Mello tivesse em seu repertório as fotomontagens das revistas ilustradas europeias e, pertencendo ao mesmo círculo dos que iriam participar do Departamento de Cultura (como Benedito Junqueira Duarte), conhecesse a revista *S. Paulo*.

As relações dos membros do Foto Cine Clube Bandeirantes e do Sesc se mantêm, pois, em 1956, cinco anos após a revista *Sesc em Marcha* deixa de circular, a *Revista do Comerciário* é lançada e as capas trazem fotografias cedidas por profissionais do fotoclube. As capas dos meses de fevereiro, abril e março de 1956 trazem fotografias de Chico Albuquerque, José Mauro Pontes e Kazuo Kawahara, respectivamente.

As demais capas do ano de 1956 e dos anos subsequentes, até 1960, não trazem mais fotografias assinadas por membros do FCCB – algumas incluem a identificação de autoria; outras, não. É possível que a produção fotográfica para essas capas tenha sido fruto de concursos fotográficos organizados pelo Sesc, seguindo a tradição iniciada em fins da década de 1940. Na primeira edição de 1958, a *Revista do Comerciário* divulga novo concurso fotográfico:

> Com o fito de incentivar o gosto pela arte fotográfica no meio comerciário, a nossa *Revista* patrocina um concurso, cujos trabalhos devem referir-se a assuntos de interesse da classe e principalmente aos diretamente relacionados ao Sesc e a seus serviços assistenciais e recreativos. As fotos serão aproveitadas para a capa da *Revista* e do concurso podem participar fotógrafos amadores e profissionais. Deverão as fotografias ser em branco e preto.[40]

39. Natalia Morato Fernandes, *Cultura e política no Brasil. Contribuições para o debate sobre política cultural no Brasil*, doutorado, Universidade Estadual Paulista Júlio de Mesquita Filho (UNESP) Araraquara, 2006, p. 83.

40. *Revista do Comerciário*, a. 3, jan.-fev., 1958, p. 10.

Figura 22. *Revista do Comerciário*, fev 1956, capa

Figura 23. *Revista do Comerciário*, mar 1956, capa

Figura 24. *Revista do Comerciário*, abr-mai 1956, capa

Figura 25. *Revista do Comerciário*, jan 1959, capa

Figura 26. *Revista do Comerciário*, abr-mai 1957, capa

Figura 27. *Revista do Comerciário*, fev 1959, capa

Figura 28. Werner
Haberkorn. Cartão-postal.
Acervo Museu Paulista
da USP

Figura 29. Álbum
Isto é São Paulo. Ed.
Melhoramentos, 1954

O concurso, como já abordado, permanece no contexto de uso em que a fotografia, considerada uma arte para a qual o julgamento estético (o "gosto") é incentivado, integra o conjunto de valores associados à cultura fotográfica amadora. Dez anos após o primeiro concurso fotográfico, acompanhado pela palestra do fotógrafo José Yalenti na colônia de férias em Bertioga, os comerciários já inculcaram a maneira "artística" de produzir fotografias. Se a produção dos associados do FCCB escolhida para figurar nas primeiras capas da revista traz ainda a marca pictorialista consagrada pela fotografia amadora nas primeiras décadas do século XX, os amadores da década de 1950, identificados ou não, estampam nas capas as influências formais da fotografia moderna: a fragmentação e a descontextualização do objeto, as tomadas ascensionais, a rotação de eixo e o contraste de escalas. A opção por esses recursos formais é, certamente, influenciada pela produção que circulava nos álbuns de cidade editados por ocasião do IV Centenário da cidade de São Paulo e nos cartões-postais, de autoria de fotógrafos como Werner Haberkorn e Peter Scheier, entre outros.[41]

A *Revista do Comerciário* traz uma diagramação distinta da adotada pela *Sesc em Marcha*. Comparando com a primeira publicação do Sesc, cujas referências remontam a uma produção vanguardista de uso da fotomontagem, a *Revista do Comerciário* apresenta uma concepção mais conservadora: o formato diminui (26 x 18 cm) e, no conteúdo, a relação de fotografia e texto se mantém nos moldes das revistas ilustradas. Em comum com a publicação *Sesc em Marcha*, a adoção do instantâneo como estética na cobertura dos eventos. As fotorreportagens privilegiam as ações, e as legendas, além de funcionarem como chaves de identificação da imagem, estabelecem diálogo com a narrativa textual, como se pode observar nas reportagens da visita ao grêmio da Esso Co. e ao torneio de voleibol feminino.

No curso das mudanças na linguagem fotográfica, ao longo da primeira metade do século XX, o instantâneo representou outra vertente, desvinculada da tradição pictorialista, ao focar na representação do tempo inscrito no movimento congelado. A atenção deslocou-se, aparentemente, da *performance* do retratado (e todo o aparato simbólico suportado por cenários e seus acessórios) para a captação, o clique certeiro. Para o fotojornalismo, esse deslocamento significa a valorização do

41. Cf. Vânia Carneiro de Carvalho & Solange Ferraz de Lima, *op. cit.*, 1997; Sonia Maria Milani Gouveia, *O homem, o edifício e a cidade por Peter Scheier*, mestrado, Escola de Comunicações e Artes (ECA-USP), São Paulo, 2008, e Coleção Werner Haberkorn, Museu Paulista da USP, São Paulo.

REPORTAGEM

Biblioteca.

Restaurante.

Aspecto da entrega de medalhas.

Sala de estar

Sua diretoria composta de: Hu
Vice-Presidente; William Mar
Secretário; Therezinha Aparec
Araújo Britto, Diretor Social;
Fürbringer, Diretor Cultural;
mônio e José

*Tendo como dirct
endedores, que não me
associados o máximo de
tural, é o Esso Standar
cionários da conceituade
Dotado de amplas
da biblioteca, salão de
memorações, sala de "s
com serviço completo d
aliado à gostosa comid
higiene e nutrição, forn
No esporte tem se
sociadas, muito bem re
Campeonato de Voleib
1958; em magnífica fes
ram a entrega das mede
Festas natalinas sã
tribuição de brinquedo
sociados.
A reportagem da R
retores do Clube e ao
funcionários da firma ju*

Figura 30. *Revista do Comerciário*, fev 1959, pp. 6-7

Sala de "sinuca".

Baile todos os sábados.

A Equipe Feminina de Voleibol e seu treinador.

67

«O Voleibol Fe

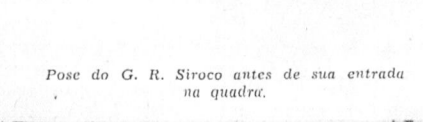

O Serviço Social do Comércio — SESC — Administ[ra]ção Regional de São Paulo por intermédio do seu Se[tor] de Esportes, fêz realizar dia 18 de Maio, o "Desfile [de] Apresentação e Torneio Início do Certame Experime[ntal] de Voleibol Feminino".

As dependências da quadra interna da Escola SEN[AC] "Brasílio Machado Netto", local onde se realizaram [as] festividades, achavam-se completamente lotadas.

Às 15 horas, iniciou-se o "Desfile de Apresentação[",] tendo as 9 equipes participantes, desfilando perante [a] comissão julgadora, sob a marcação cadenciada da F[an]farra do Instituto de Menores.

A comissão julgadora, formada pelos seguintes e[le]mentos: D. Rachel Porto, chefe do Setor de Cursos [do] SESC; Srta. Marlene Carneiro, redatora chefe da Revi[sta] do Comerciário; Sr. Waldemar Albien, Conselheiro [do] SESC; Virgílio Barata, Vice-Diretor do SESC; Sr. Má[rio] Duarte, Diretor da Divisão Pessoal do SESC; Sr. Vice[nte] Bruno, Diretor do C.S.G. Vidigal e Sr. Luiz Sarmie[nto] representante da imprensa — resolveu laurear a b[oa] equipe da Casa Sloper como melhor apresentação.

Encontravam-se as equipes perfiladas defronte [ao] palanque, após o desfile, quando foi convidada a amad[ora] Lydia Mestreli do Grêmio Esportivo Galeria Paulista, p[ara] proferir o "Juramento" da Esportista; em sequência a e[sta] solenidade foram entregues flâmulas e corbelhas de flo[res] pelas capitãs de equipes aos membros da comissão.

Dando prosseguimento à "Ordem do Dia", foram [so]licitadas as presenças das 2 equipes que, conforme sor[teio]

A representação do Mappin Stores Clube desfila perante o palanque da comissão julgadora.

Flagrante da entrega de um ramalhete de flores ao Conselheiro Waldemar Albien por uma amadora. Aparecem ainda Sr. Vicente Bruno, Da. Rachel Porto, Sr. Luiz Sarmento e Sr. Paulo Fehr.

Pose do G. R. Siroco antes de sua entrada na quadra.

Pose da enumer[ação] Paulista, aparece[ndo] conc[...]

Figura 31. *Revista do Comerciário*, abr-mai 1957, pp. 8-9

...ino no SESC»

...èviamente feito, jogariam a 1.ª partida do Torneio Início;
...critério adotado foi o de simples eliminatória, disputadas
... "Sets" de 21 pontos.

RESULTADO DO TORNEIO

° jogo - G. das Américas	21 vs. Galeria Paulista	17
° jogo - G. R. Siroco	21 vs. Mappin Stores	7
° jogo - C. Pernambucanas	21 vs. G. Gastão Vidigal	9
° jogo - Casa Sloper	21 vs. Lojas Brasileiras	0
° jogo - G. das Américas	22 vs. Escola SENAC	20
° jogo - G. R. Siroco	21 vs. Casas Pernamb.	19
° jogo - G. das Américas	21 vs. Casa Sloper	5

...° e último jogo — Disputado em melhor de 3 "Sets de
5 pontos.

Os lauréis da vitória couberam ao Grêmio das Américas
...ue após renhida disputa venceu ao Siroco pela contagem
...e 2 x 0.

O SESC instituiu 2 troféus e 2 jogos de medalhas
...ue foram entregues pelo Conselheiro Waldemar Albien
... Sr. Vicente Bruno, às equipes que se consagraram
...ampeãs do Desfile de Apresentação e Torneio Início
...espectivamente.

A sessão foi aberta pelo Chefe do Setor de Esportes
... encerrada pelo conselheiro Waldemar Albien.

Lavramos aqui, um voto de louvor ao técnico Walter
...ianini, preparador das equipes, que mui atenciosamente
...mprestou sua colaboração ao torneio.

A representação da Escola SENAC "Brasilio Machado Netto" se apresenta à comissão julgadora.

Instantâneo de um dos jogos do Torneio Inicio aparecendo algumas amadoras do G. R. Siroco.

...o G. E. Galeria
... dos diretores da
...cial.

Vista parcial de tôdas as equipes, perfiladas diante do palanque da comissão julgadora.

fotógrafo e uma mítica em torno de sua capacidade de prontidão para o "momento síntese" que consegue conjugar, no acaso escrutinado pelas lentes, excepcional qualidade estética identificada no instante banal ou a síntese da informação.[42] Os instantâneos das cenas de esporte, de guerra, de eventos de rua e de espetáculos musicais e teatrais pressupõem a sedução do leitor por uma aproximação visual da ação, graças ao instante congelado que lhe permite a apreensão analítica. Para garantir essa atenção, novas *performances* emergem da relação do fotógrafo com a cena reportada. Não mais a pose explícita, o olhar direto para a câmara, e sim uma ação encenada que "ilustra" o sentido da reportagem.

Figura 32. Biblioteca do Sindicato dos Trabalhadores em Empresas Comerciais de Minérios e Combustíveis Minerais do Estado de São Paulo. *Revista do Comerciário*, mar-abr 1958, p. 7

42. Sobre o instantâneo e a fotografia moderna e, entre outras, a ideia do "momento decisivo" em Cartier-Bresson, cf. Mauricio Lissovsky, "O refúgio do tempo no tempo do instantâneo", *Lugar Comum* (Rio de Janeiro), v. 8, mai.-ago., 1999, pp. 89-109. Vide nota complementar ao final do livro, na página 252.

É possível pensar em um esgarçamento da estética do instantâneo que reveste a fotografia de renovadas funções simbólicas e modelares. Os inúmeros instantâneos "encenados" que representam atos banais da vida cotidiana comercializados pelos bancos de imagens do universo publicitário são o mais contundente exemplo desse esgarçamento que reveste a fotografia de funções simbólicas:

> O fotógrafo publicitário deve preencher sua obra de significações aparentemente opostas. Satisfaz um compromisso realista, que carrega um valor de atestação, e vale-se do simbolismo. É comum a fotografia apresentar um realismo que se presta a diferentes interpretações: aí reside a especificidade da fotografia publicitária. O objeto apresentado de modo informativo e simbólico, por mais que isso pareça contraditório, é uma necessidade. A sugestão mercantil do anúncio publicitário apoia-se na credibilidade do realismo que o juízo comum associa de antemão à imagem da qual usufrui o fotógrafo e, ao mesmo tempo, de todo o valor sugestivo na fotografia. O simbolismo é explorado de modo que não se choque com a verossimilhança e para que potencialize o número virtual de consumidores identificados com o anúncio.[43]

Por essas características, Bourdieu afirma que a fotografia publicitária "encarna ao mais alto grau uma função alegórica".[44]

Se nos periódicos *Sesc em Marcha* e *Revista do Comerciário*, entre as fotografias instantâneas mobilizadas pela ação jornalística, já se encontram aquelas que tendem ao esgarçamento acima aludido, graças à encenação para o clique justificada pela função ilustrativa, nos livros comemorativos editados entre 1970 e 1997 elas funcionam predominantemente como suporte à ilustração dos conceitos e qualidades da instituição Sesc. Operam no limite dessa estética do instantâneo, evidenciando filiações com a publicidade.

O livro *Sesc Senac* (1980), com fotografias de Bob Wolfenson[45] e textos de Paulo Mendonça, compartilha desse caráter híbrido que a fotografia assume na sua condição de instantâneo.[46] Não é provável que as fotografias que registram usuários em atividades nas várias unidades do Sesc sejam encenadas, como o exemplo extraído da *Revista do Comerciário*. As possibilidades técnicas das máquinas fotográficas nesse período já permitiam ao fotógrafo posicionar-se a certa distância e fazer uso de lentes *zoom*, contribuindo para a discrição no momento do registro e ao mesmo tempo para a sua qualidade.

43. Luciano Miranda, *Pierre Bourdieu e o campo da comunicação: por uma teoria da comunicação praxiológica*, Porto Alegre: EDIPUCRS, 2005, p. 68.

44. Bourdieu *apud* Luciano Miranda, *op. cit*, p. 70.

45. Bob Wolfenson (São Paulo, 1954) começou sua carreira aos dezesseis anos, como estagiário-aprendiz no estúdio fotográfico da Editora Abril (à época dirigido por Chico Albuquerque), em que permaneceu quatro anos. Vide nota complementar ao final do livro, na página 253.

46. Na época de produção do livro, Wolfenson era fotógrafo *freelance* para as revistas da Editora Abril, mas não se dedicava à fotografia publicitária e de moda.

Figura 33. *Sesc Senac*, São Paulo, 1980, p. 51

O máximo que o fotógrafo nessa condição de invisibilidade pela discrição precisava fazer era pedir que não prestassem atenção nele e continuassem a portar-se naturalmente como antes. Sem dúvida os retratados se tornavam, nesse momento, cúmplices do fotógrafo, conscientes de que não deveriam explicitar a sua presença (olhando para a câmera, por exemplo) e, desse modo, respondiam a um dos pressupostos da estética do instantâneo, que é prover informação tendo como escopo o "realismo" do momento da ação.

O livro *Sesc São Paulo 1946-1987. 41 anos a serviço da paz social* (1987), cujas fotografias são de Pedro Dantas e Beto Boronino,[47] e o *Sesc Santos* (1989), que não fornece os créditos do fotógrafo (ou

47. Não foram localizadas informações a respeito desses fotógrafos.

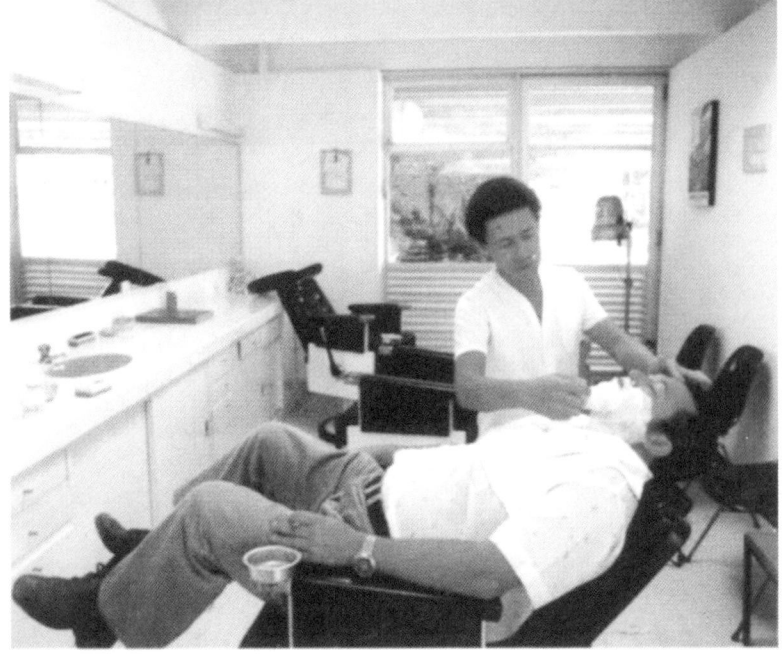

Figura 34. *Sesc Senac*, São Paulo, 1980, p. 41

Figura 35. *Sesc Senac*, São Paulo, 1980, p. 43

dos fotógrafos), apresentam imagens semelhantes às do primeiro livro dessas edições (o *Sesc Senac*). As estratégias adotadas pelos fotógrafos se repetem: uso de *zooms* para fotografias com enquadramentos mais fechados, atenção aos movimentos, incluindo a exploração formal graças à baixa velocidade do filme, fragmentações, tomadas ascensionais e descensionais.

Figura 36. *Sesc 41 anos*, São Paulo, 1987, s.p.

Figura 37.
Sesc Senac,
São Paulo,
1980, p. 71

Figura 38. *Sesc Senac*, São Paulo, 1980, p. 47

Total geral de atendimentos em 1979: 423.275. Na área de Educação Física foram 15.731. Nas apresentações artísticas, 70.884. No lazer, 179.054. Educação alimentar e sanitária: 182.259.

Figura 39. *Sesc 41 anos*, São Paulo, 1987, s.p.

Figura 40. *Sesc Santos*, São Paulo, s.p.

Cabe ressaltar também o uso intensificado de *closes* e da cor como recurso formal.

O enquadramento *close*, que aparece em registros e espetáculos teatrais e musicais, apresenta mudanças nesse tipo de prática fotográfica se comparado com a produção de meados do século XX. Nas imagens de cenas teatrais publicadas na revista *Sesc em Marcha* e na *Revista do Comerciário* predominam planos gerais, que incluem palco e atores em cena. Já nas publicações de 1980 e 1987 há clara preferência pelos *closes* ou planos mais fechados para as cenas teatrais ou *shows* musicais.

Figura 41. Cena de *A sapateira prodigiosa*. Revista do Comerciário, set-out 1957, p. 21

Figura 42. *Sesc 41 anos*, São Paulo, 1987, s.p.

IV Festival Paulista de Teatro Amador

Luiz Carlos Cunha

Conforme vínhamos noticiando, realizou-se em setembro p.p., o IV Festival Paulista de Teatro Amador, promovido pela Federação Paulista de Amadores Teatrais e pelo Clube de Teatro.

Obteve o Festival o mais absoluto êxito, pois contou com a participação dos melhores grupos amadores de todo o Estado, e apresentou um nível artístico aceitável, porquanto tratava-se exclusivamente de amadores, que lutam com dificuldades de tôda a ordem, e que merecem o nosso apôio e incentivo.

Terminado o Festival, teve início, no auditório da Biblioteca Municipal, o IV Congresso Paulista de Teatro Amador, ainda sob a égide daquela Federação e do Clube de Teatro, onde, então, foram discutidos assuntos que futuramente virão em benefício de teatro amador em geral, e, finalmente, distribuídos os prêmios aos atores e diretores que mais se destacaram no festival. Ao Teatro do Comerciário, por uma brilhante representação, coube a Menção Honrosa ao ator Laércio Laureli que viveu o papel do alcáide na peça "A Sapateira Prodigiosa", sendo alvo dos mais honrosos elogios.

Dulce Margarida Oliva e Antonio Afonso Caricatti, que interpretaram os papéis principais da peça.

Trata-se de uma preferência afinada com as tendências gerais dessa que se tornou uma especialização do mercado fotográfico. Em debate sobre a iconografia teatral na UNIRIO, os fotógrafos Guga Melgar e Dalton Valério[48] ponderaram sobre a atual estética da fotografia de cena, que

Figura 43. *Sesc Senac*, São Paulo, 1980, p. 20

Figura 44. *Sesc 41 anos*, São Paulo, 1987, s.p.

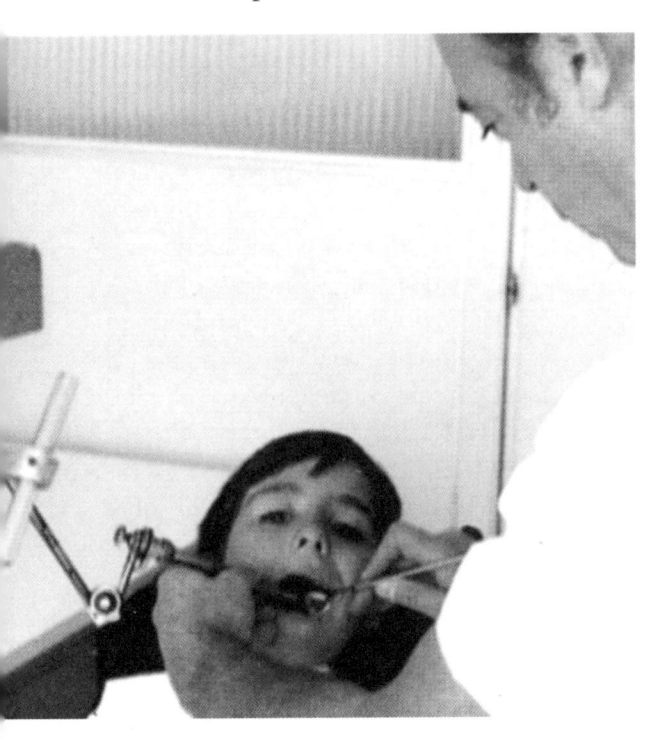

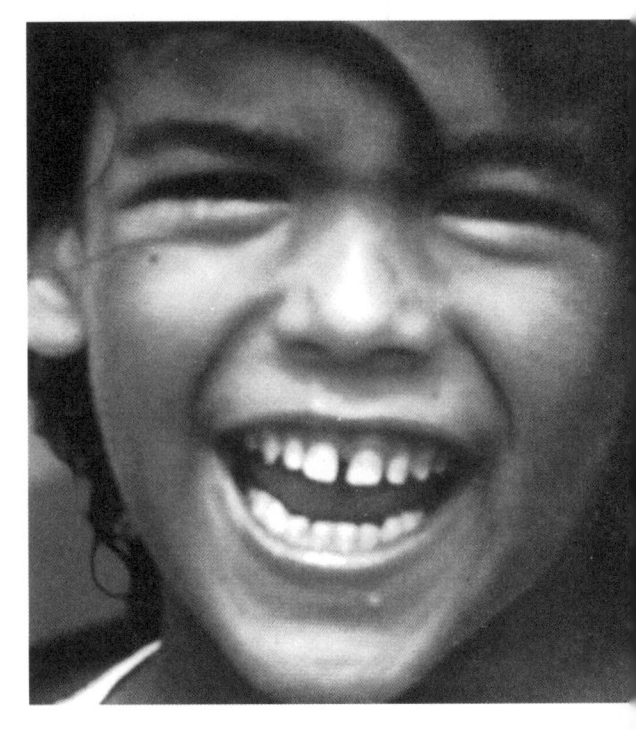

prima pelo uso de *closes*. Segundo eles, trata-se de uma tendência vinculada ao contexto de circulação dessas imagens: as assessorias de imprensa privilegiam *closes* dos atores e atrizes, uma consequência do culto às celebridades que acaba limitando a divulgação de outras formas de documentar cenas teatrais.[49] Essa tendência mais geral se expressa também na produção fotográfica das publicações ora em análise, não se limitando aos temas teatrais ou musicais, mas estendendo-se para outros temas afins com as atividades reportadas. O fio condutor é sempre a presença humana que catalisa distintas estratégias da representação fotográfica.

Mas essa presença humana em atividade figura com destaque nas duas séries iconográficas. Na série *Revistas periódicas*, como foi analisado, a fotografia informa. E, para tanto, é dotada de identidade, legenda; é particular e intransferível. Na série *Livros comemorativos*, a

48. Seminário *A Fotografia da cena*. UNIRIO, 8 de abril de 2010.

49. Sobre a iconografia teatral, cf. Filomena Chiaradia, *Iconografia teatral: estudo da imagem de cena nos arquivos fotográficos de Walter Pinto (Brasil) e Eugenio Salvador (Portugal)*, Rio de Janeiro, 2010, doutorado em Artes Cênicas, Centro de Letras e Artes da Universidade Federal do Estado do Rio de Janeiro.

fotografia ilustra. Não se sabe quem são os sujeitos representados, nem exatamente de quando é a fotografia ou a qual evento particular se refere. Trata-se, portanto, de um esvaziamento da historicidade das fotografias, que assumem caráter exemplar.

Nas *Revistas periódicas*, a intenção é valorizar o indivíduo, cujas realizações são tornadas públicas por meio das notícias para as quais as fotografias dão o conteúdo visual. Em um momento específico da história das classes trabalhadoras do setor terciário, a *Revista do Comerciário* atuou com o claro propósito de atrair seu público-alvo para a atividade sindical e associativa. As muitas recorrências nas temáticas visuais e nos assuntos das matérias jornalísticas não deixam dúvida sobre essa missão. A fotografia é estratégica no contexto, na medida em que qualifica positivamente as ações reportadas pela revista. A identificação dos atores nas legendas ou ao longo das matérias ilustradas dá ao anônimo trabalhador a possibilidade de compartilhar esse espaço *espetacular*[50] com os diretores que ali também são presença constante, ou ainda os atores e artistas entrevistados etc.

Nos livros comemorativos, os sujeitos são anônimos, figurantes, extensões do tema principal. Os textos das publicações discorrem sobre as atividades ou instalações do Sesc e as fotografias ilustram isso. Os sujeitos tornam-se suportes da demonstração do serviço ou atividade oferecida ou, no máximo, índice quantitativo de sua eficiência. A fotografia está apta a qualificar a *coisa*, mas não o *sujeito*. Daí o seu esvaziamento histórico, reforçado pelos ditames da fotografia publicitária.

O processo de *coisificação*, para o qual a fotografia desempenha papel fundamental, não é particular da forma de construção identitária do Sesc, mas integra um quadro muito mais amplo engendrado na consolidação da sociedade do consumo e do espetáculo.

O contexto de uso da fotografia no Sesc favoreceu o diálogo dos profissionais engajados na difusão da imagem da instituição com importantes práticas artísticas e fotojornalísticas que redefiniram a visualidade fotográfica na segunda metade do século XX. É possível afirmar que a adesão aos parâmetros estéticos norteadores das práticas visuais nesses circuitos constituiu um dos fatores que concorreram para a eficácia do uso da fotografia na construção de uma imagem institucional bem-sucedida. Outros fatores, relacionados não mais especificamente com os contextos de uso e circuitos, mas com as funções sociais da fotografia, serão tratados nos próximos capítulos.

50. O termo é aqui adotado tendo como referência o clássico de Guy Debord, *A sociedade do espetáculo*, São Paulo: Contraponto, 1997, no qual é apontado o caráter espetacular das ações dos indivíduos na sociedade de consumo.

III. Da pedagogia da imagem na formação cultural do cidadão urbano

Uma das importantes funções que a fotografia logrou cumprir e ainda cumpre nos vários campos de atuação social (espaço privado e familiar, escolar, profissional, turístico, publicitário) é a de fornecer modelos visuais de comportamento, sobretudo aqueles expressos por gestos e posturas corporais. Ela cumpre também funções difusoras de valores culturais, ao registrar para divulgação práticas envolvidas na fruição dos produtos da cultura, como filmes, teatros, exposições e obras literárias. Neste capítulo, o foco são as funções da fotografia no contexto de atuação do Sesc no campo cultural. Discutir modelos na pedagogia da visualidade implica necessariamente conhecer o público-alvo dessa pedagogia; apontar os efeitos de suas funções difusoras de valores, por sua vez, não pode prescindir de contextualizar o estatuto dos produtos culturais veiculados.

Comerciários e comerciárias, esses desconhecidos

As reportagens ilustradas publicadas de 1956 a 1960 nas páginas da *Revista do Comerciário* dão a conhecer um pouco dos agentes que atuavam como força de trabalho no setor terciário em expansão naquele momento da economia paulista. As fotografias das reportagens focalizam os clubes ou grêmios das empresas e, em alguns poucos casos, o ambiente de trabalho. Os sindicatos também são tema, geralmente quando da realização de eventos (cursos e palestras). As lojas de departamentos

– Isnard, Mesbla e Mappin Store – são as empresas com maior presença, seja em número de fotografias, seja em matérias realizadas.⁵¹

O elenco de empresas visitadas pela reportagem da revista permite inferir, ainda que parcialmente, o perfil de associados pretendidos pelo Sesc. São trabalhadores que prestam serviços como balconistas, no secretariado e nas funções administrativas em geral, cabeleireiros e barbeiros, zeladores, vendedores. Ao contrário dos trabalhadores empregados na indústria, os do setor terciário, por força de suas atividades de prestação de serviços, mantêm intenso contato com uma variedade considerável de agentes sociais na dinâmica cotidiana das vendas, do atendimento nos serviços voltados para os cuidados com o corpo, para a alimentação, para as atividades de lazer e turismo etc.

Os atores dessa dinâmica urbana podem ser genericamente considerados "pertencentes à classe média", em contexto já aludido no segundo capítulo e aqui retomado.

O historiador Brian Owensby, autor de exaustiva pesquisa acerca dos agentes sociais atuantes na economia urbana do Rio de Janeiro e de São Paulo em meados do século XX, alerta que caracterizar a classe média depende menos de enumerar as profissões e empregos em termos econômicos do que entendê-la como um estado de espírito (*a state of mind*). Para ele:

> No Rio de Janeiro e em São Paulo, embora não somente lá, a classe média consistia em homens e mulheres preocupados com pequenos rendimentos e buscando *status* respeitável, que batalhavam por uma formação educacional para obter sucesso por méritos próprios. Entretanto, constantemente procuravam padrinhos, pessoas que aspiravam a prestigiosas posições profissionais e muitas vezes se contentavam com bem menos, que se imaginavam amigos e colegas de seus chefes mas exigiam respeito dos subordinados, que consumiam bens manufaturados e se endividavam, que permitiam a organizações profissionais falarem por eles e ainda assim resistiam a se tornar membros delas, que lutavam para crer em políticas eleitorais e no entanto abarrotavam as margens da vida pública, que temiam as classes mais baixas e desconfiavam das elites, sem perder a esperança de que a moralidade poderia ancorar a ordem social.⁵²

51. As empresas, clubes de empresas e sindicatos nas páginas da *Revista do Comerciário* são: Esporte Club Borghoff, Esporte Club Folhas, Esso Standard Club, Fotoptica e outras. Vide nota complementar ao final do livro, na página 253.

52. Brian Owensby, *Intimate Ironies – modernity and the making of middle-class lives in Brazil*, Stanford: Stanford University Press, 1999, p. 9.

Owensby procura um caminho alternativo ao esquema comparativo que estabelece paralelos com modelos estrangeiros de classe média. Para tanto, sua pesquisa apoia-se em eclética gama de fontes, por meio das quais é possível captar taxonomias e contradições, mapeando, no movediço terreno da mobilidade social, as negociações entre os novos grupos sociais e as elites, referidas na pesquisa da socióloga Maria Arminda do Nascimento Arruda. Obras literárias de ficção, manuais, memórias, correspondências, revistas de variedades e de associações de classe estão entre as fontes documentais utilizadas, que permitem entender a classe média não exclusivamente do patamar econômico, mas, sobretudo, do ponto de vista das expectativas e das identidades moldadas no campo cultural.

Quem eram esses trabalhadores do setor terciário integrantes da emergente classe média,[53] de onde vinham e com que bagagem escolar e cultural contavam? Essas perguntas faziam parte das preocupações do Sesc e eram manifestadas nas estratégias de identificação de seu público-alvo, base fundamental para o planejamento de suas ações.

No ano de sua fundação, em 1947, as ações do Sesc objetivavam sanar as lacunas do Estado na assistência básica ao trabalhador – saúde, educação e até mesmo habitação. Entretanto, a partir de 1951, conforme decisão da Convenção Nacional dos Técnicos do Sesc, essas ações foram redirecionadas e educação e recreação se definiram como prioridades para os anos seguintes.[54]

Nos relatórios referentes às atividades do ano de 1950 e posteriores, há alusões aos esforços da equipe do Sesc no sentido de identificar seu público-alvo. O setor de pesquisas elaborava relatórios com base nas informações coletadas no ato da matrícula, procurando traçar o perfil socioeconômico do associado. Nos relatórios seguintes, o setor de pesquisa informava a realização de enquetes sistemáticas e eventuais. Entre as sistemáticas destacam-se as realizadas com os frequentadores da Colônia de Férias Ruy Fonseca (atual Sesc Bertioga), no intuito de avaliar não só o perfil do associado, mas também a opinião e o grau de satisfação com o espaço e as atividades desenvolvidas.

Indiretamente, essas pesquisas revelavam também as expectativas dos associados quanto ao tipo de formação e aos eventos culturais, garantindo aos orientadores um conhecimento alargado de seu público.

Um dos instrumentos utilizados para a coleta de informações era a ficha de pesquisa.

A ficha dá elementos para entender as formas de educação cultural que o Sesc adotaria ao longo dos anos 1950. Além dos dados de iden-

53. A expansão da economia urbana na cidade de São Paulo é resultado de vários fatores, entre eles o crescimento populacional não vegetativo e sim tributário de migrações do campo para a cidade. Vide nota complementar ao final do livro, na página 253.

54. O redirecionamento das ações do Sesc é justificado pelo aumento da eficiência das ações dos institutos de aposentadoria e previdência e pelas novas condições de vida trazidas pela sociedade urbano-industrial.

Figura 45. Ficha anexada ao Relatório de Atividades, 1951.

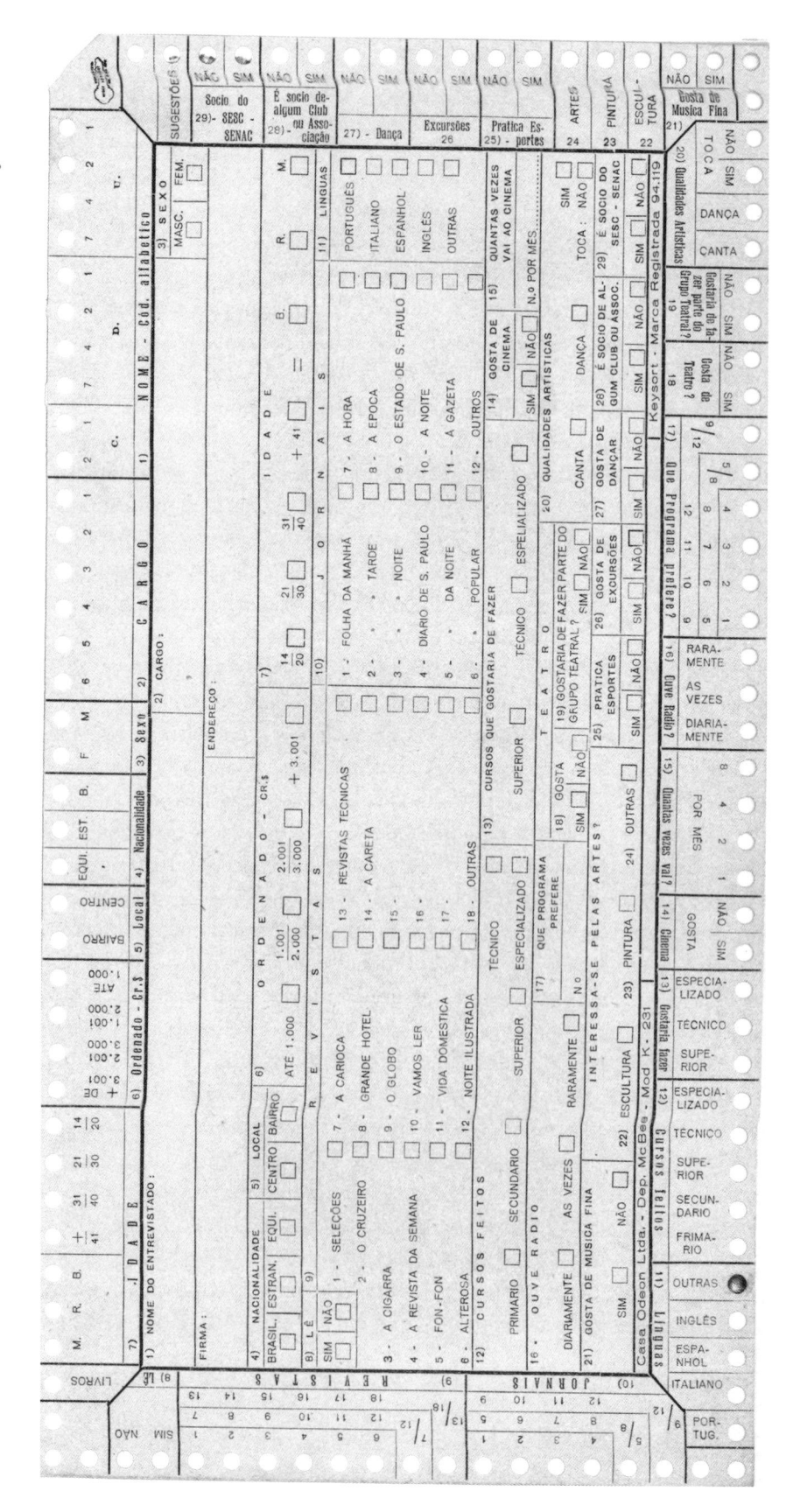

tificação socioeconômica (sexo, idade, salário, local de moradia, escolaridade, proveniência etc.), ela permite uma radiografia completa das práticas culturais. São mapeados os hábitos de leitura de jornais e revistas, de frequência ao cinema, de audição de rádio e, particularmente, os "gostos". Há uma parte reservada para identificar se o comerciário gosta de teatro (e se faria parte de um grupo teatral), de cinema, de excursões e de dançar, de "música fina" (supostamente, música erudita), qual o seu interesse pelas artes, nesse caso com as opções incluindo escultura e pintura, quais as qualidades artísticas, se canta, dança ou toca algum instrumento e se pratica esportes.

É interessante notar que, apesar de o Sesc estar voltado predominantemente para as ações assistencialistas, a pesquisa não é direcionada para esses aspectos (hábitos relacionados à saúde, alimentação, habitação etc.). Nesse caso, é possível identificar aí o germe da atuação que caracterizaria o Sesc a partir dos anos 1960 e que consta das suas metas estabelecidas na Convenção Nacional dos Técnicos e sumarizadas no documento *O que é o Sesc*, de 1957. O documento apresenta e descreve as divisões, suas subdivisões e os setores, refletindo a reorganização do organograma levada a cabo no mesmo ano. Na reorganização, as atividades culturais passaram a constituir uma divisão (Divisão de Recreação Cultural) com três subdivisões – esportes, ensino e recreação –, das quais as de ensino e recreação contavam cada uma com três setores aptos a realizar as atividades recreativas, associativas, de promoção de eventos, de aparelhamento de bibliotecas e de formação doméstica e extensão cultural.

Na descrição dos objetivos, algumas expressões merecem análise mais acurada, na medida em que ajudam a entender as funções da fotografia no contexto. Ao elencar as ações do setor de espetáculo e audições, especialmente os espetáculos teatrais, esse investimento justifica-se assim: "Cuida o setor da compra de espetáculos de categoria e peças de sucesso para a apresentação ao público comerciário, por preço mínimo. Desenvolvendo dessa maneira, no comerciário, o gosto pelo teatro".[55]

No caso das atividades da subdivisão de ensino (setores biblioteca, formação doméstica e extensão cultural), por sua vez, "a finalidade é desenvolver e ampliar os conhecimentos artísticos e culturais da classe comerciária". E, entre as atividades do setor de extensão cultural, o Teatro Amador do Sesc é destacado:

55. *O que é o Sesc*, documento datilografado, 1957, p. 14.

Integrado por comerciários, vem se apresentando tanto na capital como no interior do Estado. E seu desenvolvimento é notório.

Suas finalidades: aperfeiçoamento cultural e desenvolvimento do gosto pela Arte, despertando, ainda, o interesse por uma atividade associativa, dentro de um harmonioso trabalho de equipe.[56]

O termo "gosto" aparece já na ficha de pesquisa, para o mapeamento das preferências também no campo artístico e cultural. É curioso notar, por exemplo, que na ficha o termo "esporte" é referido como "prática", enquanto as atividades relacionadas às artes se vinculam ao gosto ("gosta de música fina", "gosta de teatro", "gosta de dançar, cantar, tocar"). Nesse sentido, a ficha reflete também o perfil da equipe do Sesc e seus valores culturais.

No discurso, o substantivo *gosto* vem acompanhado do verbo *desenvolver*, ou seja, pode-se deduzir que gosto é visto como uma qualidade inerente aos indivíduos, mas que depende de ações para ser desenvolvida. Essas ações são referidas como "aperfeiçoamento cultural". Pressupõe-se que existe uma formação dirigida, partindo de uma formação prévia – supostamente a escolar –, que pode ter continuidade no Sesc. O tempo do *não trabalho* é o tempo para esse aperfeiçoamento cultural, que fomentará o desenvolvimento do gosto; o campo de ação é o da cultura, envolvendo a música, a dança, o teatro, a fotografia por meio de mecanismos de socialização tais como clubes de amigos, cursos, torneios esportivos, excursões e as férias na colônia.

A análise das funções que a fotografia desempenhou nesse processo de aperfeiçoamento cultural pautou-se nas pesquisas que caracterizaram um campo de estudos no interior da sociologia, uma sociologia do gosto. Tanto as pesquisas de identificação do perfil dos associados como a programação proposta nos relatórios integram um campo de ação social, a saber, o da circulação de bens culturais, conformando uma economia. Nessa economia, o gosto funciona como um critério de julgamento capaz de promover classificações, identidades e distinções entre indivíduos e grupos.[57] A fotografia atua, nesse quadro, como parte do que se considerou uma *pedagogia da imagem* dirigida à formação do cidadão urbano.

No conjunto de fotografias analisadas nas duas séries iconográficas, embora as atividades educacionais não recebam a mesma atenção fotográfica dedicada a atividades como esportes, festividades e saúde,[58] outros conjuntos de imagens atuaram de maneira pedagógica em um tipo de formação mais ampla e complexa. Foram algumas recorrências ligadas à área de atuação

56. *Idem*, p. 19.

57. Esta abordagem apoia-se conceitualmente na perspectiva de análise sociológica de Pierre Bourdieu e tem como referencial básico a sua pesquisa transformada em livro: *A distinção. Crítica social do julgamento*, São Paulo: Edusp, 2007. Vide nota complementar ao final do livro, na página 254.

58. No quesito área de atuação, a série *Revistas periódicas* apresenta predominância de imagens relacionadas com as festividades e com a saúde, já a *Revista do Comerciário* traz imagens que documentam as atividades direta ou indiretamente ligadas ao sindicalismo. Vide nota complementar ao final do livro, na página 254.

cultural que sugeriram a existência de uma "educação informal" voltada para a ampliação do repertório cultural dessa ascendente classe trabalhadora.

Em função da trajetória do Sesc e da expressiva atuação que teve na área de serviços de saúde nos seus primeiros anos de existência, era de esperar uma predominância de fotografias relacionadas com a saúde – práticas esportivas, serviços odontológicos, obstétricos e radiológicos. É fato que as fotografias referentes a essas atividades comparecem com regularidade ao longo dos anos das publicações seriadas. No entanto, outros núcleos de fotografias, ligadas à área cultural, chamaram a atenção menos pela quantidade do que por seu teor e pelo tipo de tratamento formal dispensado ao tema.

As imagens ensinam sobre o teatro

As fotografias que documentam atividades teatrais predominam entre as da área cultural: são imagens da assistência, de ensaios e de apresentações de peças encenadas pelos muitos grupos de teatro amador formados nas unidades da capital e do interior.

No conjunto de imagens relativo à *atividade cultural teatro*, são muitas as fotografias da plateia, em tomadas que favorecem a ideia de multidão atenta.[59]

59. O *movimento passivo* é o descritor aplicado para indicar o corpo em repouso ou receptivo a alguma ação, cf. anexo III para definição completa.

Figura 46. Plateia no Teatro Comerciário de Marília, *Revista do Comerciário*, nov-dez 1957, p. 11

Figura 47. Dulce Margarida e Antonio Afonso Caricatti durante o espetáculo *A sapateira prodigiosa*. *Revista do Comerciário*, set-out 1957, p. 21

De um total de 51 fotografias relativas a essa atividade, 80% integram a série *Revistas periódicas*, ou seja, foram produzidas no período de 1949 a 1960. Ainda sobre esse total, 35% apresentam como característica o *movimento passivo*, indicando tratar-se de registros da plateia assistente, e 47% apresentam como característica o movimento dramático, ou seja, indicam registro do espetáculo ou de seu ensaio, tendo por protagonistas os atores e atrizes e, às vezes, o diretor.

Figura 48. Dr. Paulo Uchôa de Oliveira, diretor do Sesc, Décio de Almeida Prado e elenco do espetáculo *O irmão das almas*. *Sesc em Marcha*, jan 1950, p. 7

Figura 49. Plateia no salão do Clube Pinheiros. *Sesc em Marcha*, jan 1950, p. 6

Figura 50. O diretor Décio de Almeida Prado durante ensaio com o elenco. *Sesc em Marcha*, jan 1950, p. 7

A primeira referência ao teatro aparece em janeiro de 1950 na edição da *Sesc em Marcha*, em notícia de apresentação da peça inaugural do Teatro Amador do Sesc, *O irmão das almas*, de Martins Pena. O "ensaiador" foi Décio de Almeida Prado.⁶⁰ A matéria, ilustrada com três fotografias, procura uma síntese do trabalho realizado: o ensaio, o espetáculo, sendo que o espetáculo é registrado apenas no momento final, de agradecimentos, e a recepção, representada pela plateia.

A legenda que acompanha a imagem de enquadramento pontual da plateia lotada circunscreve seus sentidos e posiciona o leitor quanto ao comportamento exemplar da audiência:

> A plateia, que superlotou o salão do Pinheiros, acompanhou com notável interesse os menores detalhes da peça, manifestando-se ruidosamente nas passagens cômicas e fazendo um completo silêncio nos momentos mais sérios...⁶¹

No caso, o redator enfatiza o comportamento adequado da audiência, que entende as "deixas" para a interação com a arte teatral – ou seja, o público sabe rir e ficar em silêncio nos momentos certos. Essa legenda explicita em texto o que as demais fotografias expressam visualmente: as plateias são atentas e disciplinadas e dão crédito, assim, à possibilidade do aperfeiçoamento cultural por meio do teatro, ao mesmo tempo atestando a capacidade do comerciário de engajar-se na atividade.

Pensando-se nos termos propostos por Bourdieu para entender as estratégias de distinção social e de coesão no interior de um grupo social, qual o lugar do teatro nesse processo de aperfeiçoamento cultural?

---

60. Décio de Almeida Prado (1917-2000) foi um dos mais importantes críticos do teatro brasileiro. Sua participação como diretor no teatro amador do Sesc, a partir de 1949, coincide com o momento em que começou a ministrar aulas na Escola de Arte Dramática. Vide nota complementar ao final do livro, na página 254.

61. *Sesc em Marcha*, jan. de 1950, p. 6.

É possível pensar a classe média urbana brasileira definida por Owensby como a pequena burguesia tratada por Bourdieu, guardadas as enormes diferenças entre o capital cultural de determinados estratos da população urbana parisiense e da população urbana que vive em São Paulo, ou seja, em um país caracterizado pela exclusão social, baixo índice de alfabetismo etc. A aproximação é possível no que se refere aos mecanismos que garantem a representação de pertencimento a uma determinada classe social.

Assim, as fotografias que apresentam os comerciários na plateia podem ser interpretadas como modelos para a figuração do cidadão culto. No caso, a cultura é representada aqui pelo teatro, e não qualquer teatro, mas um teatro modernizado e modernizador. Os profissionais que atuavam na formação do comerciário participante do teatro amador do Sesc representavam o que havia de novo e vanguardista na cena teatral da década de 1950. Integravam círculos sociais que, como bem caracterizou Maria Arminda do Nascimento Arruda,[62] conjugavam membros das elites de São Paulo – a oligarquia cafeeira ou as elites ligadas aos setores industriais e de forte acento estrangeiro – e os jovens artistas e intelectuais do que se pode considerar a ascendente classe média.

Parte desses agentes se encontrava engajada em atividades no Sesc, atuando como mediadores na formação do gosto e dos padrões culturais que pudessem garantir um liame de identidade para a miríade de origens e perfis que compunha a genérica classe comerciária. Em termos de representação de classe interessava, sobretudo, estabelecer a necessária distância daqueles que trabalhavam com as mãos, os operários e toda sorte de atividade considerada "pouco" intelectual, e, por outro lado, criar a aproximação aos signos que distinguiam as elites – as práticas culturais, o comportamento, o modo de se vestir.[63] Concorria para tal, como já referido, o fato de os comerciários, principalmente os que trabalhavam na linha de frente no contato com o público, se manterem espacialmente muito próximos das elites. Os estabelecimentos culturais e de consumo eram as áreas de forçosa convivência, em virtude de sua concentração no chamado novo centro ou centro expandido (ruas Sete de Abril, Dom José Gaspar, Barão de Itapetininga, Xavier de Toledo e Avenida São Luís).

As matérias ilustradas da revista *Sesc em Marcha* e da *Revista do Comerciário* permitem reconfigurar algumas redes de sociabilidade existentes. Vejamos. Décio de Almeida Prado, oriundo de tradicional família da oligarquia agrária (Itu, SP), era amigo e parceiro em proje-

62. Arruda, apoiada em retrospectiva da trajetória do teatro no Brasil por Décio de Almeida Prado, considera que, entre 1940 e 1960, a particular conjuntura cultural da cidade de São Paulo fez com que o teatro assumisse a dianteira em relação ao Rio de Janeiro. Vide nota complementar ao final do livro, na página 255.

63. Brian Owensby, *Intimate Ironies – modernity and the making of middle-class lives in Brazil*, Stanford: Stanford University Press, 1999.

tos de Alfredo Mesquita, o criador do Grupo de Teatro Experimental e fundador da Escola de Arte Dramática (1948). Alfredo era filho de Júlio Mesquita, proprietário do jornal *O Estado de S. Paulo*, para o qual Décio trabalhou como crítico teatral. Na Escola de Arte Dramática fundada por Alfredo Mesquita, Décio de Almeida Prado dava aulas juntamente com Ruggero Jacobbi, orientador do curso de noções de teatro ministrado em 1951 no Sesc, diretor e encenador italiano que integrou o Teatro Brasileiro de Comédia, fundado por outro italiano, o empresário Franco Zampari, em 1948. No TBC atuaram Maria Della Costa e Sérgio Cardoso, entrevistados pela *Revista do Comerciário* a propósito do lugar do teatro contemporâneo.

Figura 52. A atriz Maria Della Costa. *Revista do Comerciário*, fev 1956, p. 12

Figura 51. Rugero Jacobbi, orientador do curso de Noções de Teatro. *Sesc em Marcha*, fev 1951, p. 1

Figura 53. O casal de atores Nydia Lícia e Sérgio Cardoso apresentam o Teatro Bela Vista ao jornalista José Guy. *Revista do Comerciário*, jul 1956, p. 14

A Escola de Arte Dramática foi o lugar de gestação do Teatro de Arena,[64] fundado em 1953 por seus ex-alunos. O Teatro de Arena é notícia nas edições de março de 1956 e de novembro/dezembro de 1957 da *Revista do Comerciário*: em 1956, em virtude da peça *Escola de maridos*, de Molière, e em 1957, ao se apresentar no interior paulista com peça que, embora não identificada na legenda, pela imagem indica ser *Uma mulher e três palhaços*, de Marcel Achard, encenada anteriormente em 1954. O Teatro de Arena provavelmente excursionou por várias unidades do Sesc em momento delicado de sua trajetória, quando estava prestes a encerrar as atividades devido a problemas financeiros. José Renato Pécora, seu criador, contava com o apoio de Décio de Almeida Prado para desenvolver sua proposta de trabalhar a encenação em arena e foi entrevistado pela *Revista do Comerciário* em 1956, na mesma época em que seu assistente de direção, Fausto Fuser, atuava como diretor artístico do Teatro Amador do Sesc.

64. Fazia parte da proposta de ação da Companhia Teatro de Arena o barateamento da produção teatral e encenações experimentais, seja do ponto de vista do espaço cênico, seja a partir dos recursos de interpretação. *Enciclopédia de Teatro*, http://www.itaucultural.org.br/ (acessado em 30 de agosto de 2010).

Figura 54. O diretor
José Renato Pécora em
entrevista sobre o Teatro
de Arena. *Revista do
Comerciário*, mar 1956,
p. 12

Figura 55. O diretor
Fausto Fuser e atores do
Teatro Amador do Sesc.
Revista do Comerciário,
fev 1957, p. 5

Ainda no mapeamento das redes e espaços de contato dos comerciários e dos jovens brasileiros ou estrangeiros apoiados pelas elites oligárquicas ou industriais nas suas investidas culturais, vale a pena chamar a atenção para os espaços em que eram encenadas as peças do Teatro Amador do Sesc. A estreia foi no Clube Pinheiros (cuja primeira sede se localizava na Rua Dom José de Barros) e outras apresentações aconteceram no Teatro Municipal da capital ou nas cidades do interior onde grupos locais se apresentavam, ou seja, no reduto das tradicionais famílias das elites paulistas. Outra instituição fundamental foi a Universidade de São Paulo, especialmente com cursos na área de humanidades, que, além de promover o contato daqueles que iam atuar simultaneamente no Sesc, no Teatro de Arena e na EAD, constituía o espaço de formação do capital cultural pela via escolar.

As imagens dos espetáculos encenados pelo grupo do Teatro de Arena revelam um interessante desafio para o fotógrafo e também, por extensão, para o leitor da revista em que foram publicadas. Três imagens de espetáculos teatrais ocorridos nos ambientes Sesc permitem discutir esse desafio. As peças encenadas no tradicional palco italiano ganham registros clássicos, com tomadas frontais obtidas graças ao posicionamento do fotógrafo em ponto central da plateia. Tem-se, assim, visão frontal e unitária da cena. Nas matérias ilustradas sobre o tema, fotografias nesse padrão se alternam com outras, da plateia, em planos parciais ou gerais. No caso das encenações do grupo Teatro de Arena, essa lógica é totalmente subvertida. Onde deve o fotógrafo posicionar-se? O que importa registrar? A cena ou a interação de cena e público?

Na apresentação de *Uma mulher e três palhaços*, é só graças às legendas que o espetáculo ganha legibilidade para o leitor. A imagem é inusitada para os padrões da iconografia teatral: público e cena teatral figuram no mesmo plano, o público está, na porção maior da imagem, de costas, e a cena em si é de difícil visualização.

Nesse processo pedagógico, a legenda se encarrega de explicitar o que poderia causar estranheza. Provavelmente com a primeira apresentação do Teatro de Arena no Sesc (*Escola de maridos*), a matéria de duas páginas publicada na *Revista do Comerciário* (março de 1956) esclarece que a forma de encenar não é usual. As fotografias flagram

Figura 56. Cena da peça *Chica Boa*, de Paulo Magalhães, com o grupo de Teatro Amador do Centro Social de Assis. *Revista do Comerciário*, nov 1959, contracapa

Figura 57. Público no Teatro Amador do Centro Social de Assis. *Revista do Comerciário*, nov 1959, contracapa

Figura 58. Espetáculo do Teatro de Arena em cartaz pelo interior de São Paulo. *Revista do Comerciário*, nov-dez 1957, p. 16

atores de costas ou, no mesmo plano que eles, a tomada pontual da cena fragmenta o espaço fotográfico impedindo uma ideia geral do teatro. É possível identificar nesse par de imagens o que novas montagens e propostas de encenadores propiciarão dali por diante em termos de inovação dos recursos para a fotografia de cena.

O Sesc continuou garantindo redes alargadas de trânsito cultural, atuando como mediador na formação do cidadão urbano. As reportagens ilustradas das revistas do Sesc, ao registrar eventos e processos, por sua vez, ensinam como fruir a cultura e conviver nos territórios da "sociedade do espetáculo".[65]

65. Para usar conceituação de Guy Debord, tratada em sua obra *A sociedade do espetáculo* (1997). Ver nota 50.

Figura 59. Espaços com cadeiras improvisadas nos clubes do interior de São Paulo que recebiam as apresentações teatrais. *Revista do Comerciário*, nov-dez 1957, p. 16

Figura 60. A ausência de cenário passou a exigir mais atenção do público. *Revista do Comerciário*, mar 1956, p. 12

Figura 61. Atores do Teatro de Arena encenam espetáculo em meio ao público. *Revista do Comerciário*, mar 1956, p. 12

As imagens ensinam a ler

Processo semelhante se dá por meio de outro surpreendente núcleo de imagens com recorrência em ambas as séries iconográficas. São as fotografias *flagrantes* de funcionários lendo nas bibliotecas não só do Sesc, mas dos inúmeros grêmios e clubes visitados pelos redatores da *Revista do Comerciário*. As legendas se encarregam, mais uma vez, de qualificar os sujeitos:

Uma noite no Grêmio da Mesbla. Muito boa a biblioteca, todos consultam.

Sindicato dos empregados vendedores e viajantes do comércio no Estado de S. Paulo. O sindicato possui magnífica biblioteca onde os associados encontram à sua disposição farta e selecionada leitura.

Esporte Clube Borghoff. Que livro escolher para ler neste fim de semana.[66]

Novamente, aqui, é possível flagrar a pedagogia que familiariza o trabalhador com um bem cultural caro à sociedade burguesa – a *ilustração* alcançada por meio da leitura. Dadas as devidas condições, a leitura pode fazer parte do tempo de lazer do trabalhador urbano. As fotografias definem o modelo de postura e atitude do comerciário a ser seguido, enquanto funcionam como atestado de sua capacidade de compartilhar dessa prática intelectual. Na série *Revistas periódicas*, ao contrário das reportagens relativas aos espetáculos teatrais em que as fotografias são flagrantes de ação, as reportagens que apresentam clubes, grêmios ou sindicatos e, em particular, as suas bibliotecas trazem fotografias claramente posadas.

O investimento nesse modelo visual de comportamento coaduna-se com discursos presentes em outras fontes, tais como revistas ilustradas e manuais de boas maneiras.[67] A partir da década de 1940, a preocupação com a formação escolar e com a busca por diplomas, creditados como alavancas certeiras para a ascensão social, é incrementada e torna-se um bordão indissociável da representação do típico indivíduo da classe média.

66. *Revista do Comerciário*, set.-out. 1957; *Revista do Comerciário*, jun.-jul. 1957.

67. O projeto de pesquisa (CNPq) *Saberes impressos. Imagens de civilidade em textos escolares e não escolares: composição e circulação (décadas de 50 a 70 do século XX)*, coordenado pela profª. drª. Maria Teresa Santos Cunha, reúne trabalhos que exploram, em vasto arsenal de fontes, como são construídas as noções de civilidade *moderna*. Vide nota complementar ao final do livro, na página 255.

Figura 62. Biblioteca do Grêmio Mesbla. *Revista do Comerciário*, jun-jul 1957, p. 2

O *aperfeiçoamento cultural* do comerciário, portanto, é condizente com as demandas dessas camadas emergentes, bem como das elites dirigentes. Ao compartilhar o modelo de cidadão culto e civilizado, ao *cultivar* essa imagem no meio urbano e entre os trabalhadores do setor terciário, maior distância se cria das "perigosas" massas de proletários, os trabalhadores da indústria e os primeiros fomentadores das greves nos centros urbanos brasileiros.

Figura 63. Público leitor no Esporte Clube Borghoff. *Revista do Comerciário*, mar 1959, p. 9

Uma propaganda da Associação dos Empregados do Comércio do Rio de Janeiro, citada por Owensby,[68] exorta os associados a usarem a biblioteca com o fito de buscar esse aperfeiçoamento cultural. A imagem, de um homem com terno e gravata absorvido na leitura de um livro, tem a acompanhá-la um texto que alude a essa prática: "o conhecimento é o capital que produz a maior, a única riqueza que vai acompanhar um homem até seu último dia" (tradução da autora, revista da AEC, outubro-novembro de 1951, *apud* Owensby).

68. Brian Owensby, *op. cit.*, p. 59.

Figura 64. Curso de Alfabetização de Adultos, patrocinado pelo Sesc, no Sindicato dos Arrumadores. *Revista do Comerciário*, dez 1956, p. 11

Se fotografias com cenas das bibliotecas e dos comerciários no ato de utilizá-las aparecem em porcentagem pouco expressiva relativamente ao conjunto de imagens (mas não menos importante), o mesmo não se pode dizer das cenas que registram o hábito de leitura ou a frequência e assistência a palestras e cursos. Todas essas práticas concorrem para qualificar os comerciários como aspirantes ao aperfeiçoamento cultural. O associado do Sesc aprende a ler nos cursos de alfabetização de adultos oferecidos pela instituição no Sindicato dos Arrumadores de São Paulo, frequenta o curso de inglês, é bem informado, como reporta o "flagrante" de comerciários lendo jornais e revistas em seus momentos de lazer na colônia de férias. Leitura representa entretenimento e instrução, a exemplo do que a legenda de uma das fotografias sugere aos leitores da revista *Sesc em Marcha*, e pode ser meio de socialização, como é insinuado no registro do Esso Standard Club.

Fotos das práticas de leitura integram com certa constância a permanente construção da imagem institucional, pontuando ações e espaços. Elas figuram também na série iconográfica *Livros comemorativos*. Ao apresentar os espaços do Sesc, os associados, no papel de figurantes, são registrados em seus momentos de lazer ou formação acompanhados de livros em geral, livros escolares, jornais, revistas.

Figura 65. Curso de inglês oferecido pelo Sesc. *Revista do Comerciário*, ago-set 1958, p. 7

Figura 66. *Revista do Comerciário*, out 1958, p. 14

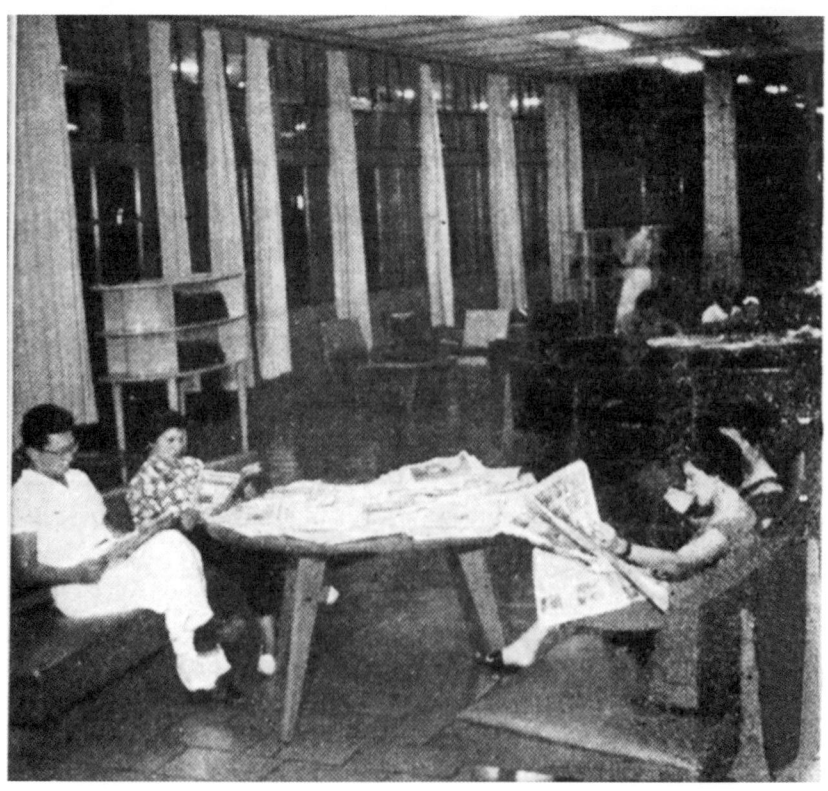

Figura 67. *Revista do Comerciário*, 10 anos, ago 1956, p. 19

Figura 68. A leitura entretém e instrui. Sala de leitura no Clube Amigos do Sesc e Senac. *Sesc em Marcha*, jun 1951, p. 7

Figura 69. Biblioteca do Esso Standard Club. *Revista do Comerciário*, fev 1959, p. 8

Figura 70. Sala de convivência. *Sesc Senac*, São Paulo, 1980, p. 25

Figura 71. *Sesc São Paulo*, 41 anos, São Paulo, 1987, s.p.

Figura 72. *Sesc Santos*, 1989, p. 78

A leitura cumpre funções simbólicas no campo das representações de classes, o capital cultural mobilizado nesse caso e as práticas que o engendram – livros, a assistência a palestras sobre literatura, frequência a bibliotecas e livrarias etc. – são capazes de estabelecer marcas que vão além da distinção individual. Nos anos 1950, o hábito da leitura ganhava contornos ainda mais evidentes de distinção, em face de um contingente de analfabetos funcionais que atingia quase 70% da população brasileira. As tarefas educacionais eram enormes se considerado o descompasso dos avanços da economia urbana em relação à consequente complexidade social que acarretavam.

Figura 73. Sala de leitura do Sesc Centro Cultural e Desportivo Antonio Carlos de Assumpção, em Ribeirão Preto. *Sesc Senac*, São Paulo, 1980, p. 68

O analfabetismo passou a ser visto como problema nacional capaz de obstruir o caminho de franco progresso econômico que se anunciava para o país em meados do século XX. E mobilizou o Estado e a sociedade civil em prol de seu combate. A imagem da escola para adultos publicada na *Revista do Comerciário* faz coro com esse esforço maior.

É justamente na década de 1950 que ocorreu no país a mais expressiva expansão do sistema educacional. A resposta do Estado ao analfabetismo definiu-se com políticas educacionais voltadas para os adultos. Em 1947 foi lançada a Campanha de Educação de Adultos, iniciativa que conjugava a educação elementar e a de adultos.

> A Campanha Nacional de Erradicação do Analfabetismo surge nesse momento como uma tentativa de abordar experimentalmente, de forma integrada (educação elementar comum e educação de adultos), os problemas da educação a partir de uma abordagem técnica que não meramente pedagógica, observando-se aí a introdução dos princípios do planejamento educacional num programa concreto.[69]

A prática da leitura está intimamente ligada a hábitos escolares, não só em função do aprendizado da língua escrita, mas da capacidade de apropriação dos textos.[70] E é nesse sentido que se interpretaram as imagens de comerciários *leitores* e sua ação de gerar e introjetar modelos de apropriação dos textos por meio da apresentação de lugares devidos à leitura e, até mesmo, de promessas de sociabilidade envolvidas em uma simples visita à biblioteca do grêmio associativo. Bourdieu chama a atenção para o fato de que a prática de leitura, que sem dúvida guarda suas particularidades, deve ser entendida também como mais um item de consumo cultural, entre muitos, um bem de consumo cultural como o próprio livro.[71]

As imagens de comerciárias lendo a *Revista do Comerciário* funcionam como uma metalinguagem a serviço desse consumo cultural: "ensinam" não só a ler, mas também a compor a *performance* da leitura em distintos espaços sociais. Não por acaso, os apelos visuais para a prática da leitura contam com a predominância de fotografias que registram o gênero feminino. As mulheres são, efetivamente, um contingente cada vez maior no setor terciário e sem dúvida integram o público-alvo para os modelos disseminados.

---

69. Cf. Vanilda Paiva, *História da educação popular no Brasil. Educação popular e educação de adultos*, São Paulo: Edições Loyola, 2003 (edição revista e ampliada), p. 154.

70. Cf. Roger Chartier (org.), *Práticas de leitura*, São Paulo: Estação Liberdade, 2001, p. 241.

71. Roger Chartier, op. cit., p. 231.

Figura 74. A atriz e também comerciária Lia de Aguiar. *Revista do Comerciário*, jul 1956, p. 12

Comerciária: entre a casa e o trabalho, os modelos para a "vida moderna"

A presença feminina nas séries iconográficas é expressiva. Especialmente no caso dos periódicos *Sesc em Marcha* e *Revista do Comerciário*, as mulheres (jovens, adultas, idosas) comparecem nas mais variadas fotorreportagens que enunciam uma gama de atividades programadas para elas: formaturas, torneios esportivos, festividades, sindicatos, cursos. Já na série *Livros comemorativos*, embora a presença feminina seja igualmente expressiva, encontra-se disseminada sem que haja tão clara uma

Figura 75. Capa *Revista do Comerciário*, jan 1957

distinção de atividades segundo o gênero. A documentação fotográfica desse período permite discutir aqui, no âmbito das atividades urbanas de trabalho e lazer, alguns aspectos do lugar da mulher no espaço público.

A imagem feminina projetada para compor a identidade do Sesc nos anos 1940 e 1950 busca conciliar a necessária e inevitável inserção da mulher no mercado de trabalho, sobretudo em se tratando da classe média,[72] com os papéis tradicionalmente a ela atribuídos de esposa, mãe e dona de casa. Assim, nas atividades programadas pelo Sesc, a mulher aparece desempenhando múltiplos papéis.

Para a dona de casa do comerciário são oferecidos os cursos de noivas, enfermagem do lar, modelagem ou decoração de bolos, corte e costura, artes domésticas, mas também o curso de inglês. Para as esposas dos comerciários já com filhos salienta-se o investimento na recreação infantil, uma maneira de proporcionar à dona de casa tempo para as atividades oferecidas que a tornarão ainda mais prendada. A matéria sobre os cursos de corte e costura e enfermagem do lar publicada na revista *Sesc em Marcha* de setembro de 1949 é ilustrada com três fotografias – uma de crianças no Centro Infantil, uma de alunas e uma da formatura dos cursos. A legenda para a fotografia de crianças em brinquedo ao ar livre esclarece:

> O Centro Infantil orientado por educadora sanitária tem dupla utilidade, pois, além de funcionar nos dias de aula dos referidos cursos, as mães trazem seus filhinhos, deixando-os num ambiente sadio e confortável em que aprendem a aceitar com alegria a ausência de suas mãezinhas, enquanto estas, despreocupadas, adquirem conhecimentos úteis e práticos.[73]

Lidar com a ausência da mãe no lar é, pois, uma exigência da nova configuração social dos centros urbanos, que cada vez mais conta com o engajamento feminino no mercado de trabalho. Nesse caso pode-se vislumbrar o embrião do que serão as creches destinadas aos filhos de comerciários, consolidadas nos anos 1970 e atuantes até hoje.

Os centros infantis foram os primeiros equipamentos voltados para o público infantil e cujo atendimento ao público e diversificação no perfil de atividades conhecem expansão crescente ao longo das décadas seguintes. Em fins dos anos 1960 as atividades para esse público já são caracterizadas como pré-escolares e nos anos 1970 como

72. Sobre a inserção da mulher no mercado de trabalho, cf. Brian Owensby, *op. cit.*, e Susan K. Besse, *Modernizando a desigualdade, Reestruturação da ideologia de gênero no Brasil, 1914-1940*, São Paulo: Edusp, 1999.

73. *Sesc em Marcha*, set.-out., 1950, p. 3.

recreação infantil, até culminarem no Programa Curumim, instituído nos anos 1980. Essa expansão está, indubitavelmente, relacionada com a também crescente absorção da mão de obra feminina pelo mercado de trabalho.

Para a comerciária, são outras as atividades registradas pelas reportagens, especialmente as publicadas na *Revista do Comerciário*, mais voltada, como já tratado, para o cotidiano do trabalhador. A comerciária aparece em seu local de trabalho, na maioria das vezes a loja de departamentos, como balconista.[74] Em seu tempo vago, ela frequenta cursos de aperfeiçoamento oferecidos por suas empresas, ou frequenta os grêmios e clubes das empresas, e pode ainda participar das equipes de esportes, sobretudo o vôlei feminino, "que concorre para o seu entretenimento e o preenchimento de suas horas de lazer, proporcionando repouso físico e mental".[75]

Para ambos os modelos oferecidos nas páginas da *Revista do Comerciário*, o tempo aparece como algo a ser preenchido, preferencialmente de forma controlada e/ou disciplinada (no clube do trabalho, no curso, no esporte). Tempo, esse, que falta à mulher trabalhadora cuja dupla jornada – do trabalho e de casa – é pesada. A reportagem da *Revista do Comerciário* entrevista, em 1956, Nair Costa Cabral, secretária por quinze anos na Companhia Expresso Nacional, sobre as dificuldades da mulher comerciária. Segundo a entrevistada:

> A comerciária tem mais problemas do que qualquer outra mulher que trabalha. São eles vários e muitas vezes graves. Citarei alguns que, por sua natureza, merecem maiores cuidados: a alimentação, o transporte e o alto custo da vida. São problemas consequentes uns dos outros. Essas questões, penso, não afetam somente a classe comerciária. Entretanto, para ela trazem uma dificuldade que, além de relacionada com eles, assume importância fundamental para sua admissão e, mesmo, permanência na firma: o problema da apresentação pessoal.[76]

A questão crucial para a comerciária que inicia sua vida de trabalho "neste momento", segundo Nair, é "como alimentar-se bem, apresentar-se normalmente bem, com uma remuneração que não chega para satisfazer suas necessidades primárias".

74. Owensby, ao analisar a condição da mulher trabalhadora nas camadas médias da sociedade paulistana e carioca, recupera dados do Ibope e observa que, na década de 1940, três quartos de todas as escolas elementares contavam com mulheres como professoras, e que a presença de mulheres nas lojas de venda a varejo era também expressiva.

75. *Revista do Comerciário*, set.-out., 1959, p. 8.

76. *Revista do Comerciário*, 1956, p. 5.

Trata-se de voz dissonante e imagem isolada no conjunto de registros em que comerciárias balconistas se apresentam alegres em seu local de trabalho. Mas é uma observação absolutamente condizente com a realidade da mulher trabalhadora dos anos 1950. Owensby, ao analisar os discursos que advertem sobre a modernidade como ameaça à dissolução da família, presentes em publicações tais como *Vida Doméstica* e *Vida Carioca*, conclui que, se o apelo para a vida fora do lar era sedutor para a mulher, era também ilusório imaginar que o trabalho seria o caminho da independência. A mulher sofria opressão masculina no trabalho, manifestada de inúmeras formas, e por vezes preferia a permanência como dona de casa (onde era a "rainha do lar") do que a situação sem perspectiva que se lhe apresentava.

> Ainda assim, não há garantia conclusiva de que as mulheres de classe média rejeitavam inteiramente o papel doméstico. O trabalho fora de casa era, em geral, temporário e muitas vezes desinteressante. A maioria dos empregos destinados às mulheres oferecia poucas oportunidades de crescimento e logo eles se tornavam rotina, pagavam mal e às vezes as deixavam sujeitas a 'liberdades' de patrões e colegas do sexo masculino.[77]

É no contraste com as representações do masculino que melhor se identifica o modelo de mulher moderna projetado pela revista e, ao mesmo tempo, as nuances dos lugares de poder (ou não poder) entre os gêneros. A primeira e mais flagrante característica que distingue homens e mulheres nessa representação fotográfica é como o corpo aparece.

Reforçando o que outras fontes fotográficas apresentam desde meados do século XIX,[78] o corpo feminino é explorado em maior variedade de gestos, poses e composições de indumentária (ou falta desta). Mas uma característica é constante: a mulher moderna – seja a dona de casa de classe média, consumidora das lojas de departamentos e frequentadora do Sesc, seja a comerciária – é magra, esguia e jovem. As jovens que figuram nas páginas das duas publicações editadas pelo Sesc seguem rigorosamente o padrão instituído desde os anos 1920, quando a publicidade e as revistas voltadas para as mulheres começaram a estampar esse modelo associado, invariavelmente, às práticas de consumo.[79] A ilustração da coluna dedicada aos assuntos femininos da *Sesc em Marcha*, intitulada "Eva do

77. Brian Owensby, *op. cit.*, p. 118.

78. A exploração do corpo feminino na publicidade, revistas dirigidas ao público feminino, fotografias em variedade de gestos e poses são tema de estudos acadêmicos. Vide nota complementar ao final do livro, na página 256.

79. Maria Claudia Bonadio, *op. cit.*, p. 153.

século XX", estabelece o padrão para a representação delas como sofisticadas, modernas e independentes: a elegância magra da mulher deitada ao sol, ilustrando uma matéria sobre viagem à Europa. Com variações, esse modelo tem permanência ao longo da década de 1950.

O gênero masculino na *Revista do Comerciário* aparece invariavelmente entre duas opções de indumentária – de terno e gravata nos ambientes de trabalho e em trajes de esporte nas atividades esportivas. Já a comerciária aparece em roupas de banho ou trajes esportivos, por exemplo, figurando até na capa da revista (figura 77). O enquadramento do corpo representado também difere. A identidade dos representantes sindicais e do Sesc, na sua grande maioria do gênero masculino, é construída por retratos clássicos, com enquadramento do busto, em contraste com a variedade de enquadramentos para o corpo feminino e a predominância do corpo inteiro.

A gestualidade e a postura também figuram distintamente conforme o gênero. Nas inúmeras reportagens que exploram os espaços de trabalho do comércio, o homem aparece predominantemente sentado, com a mesa de trabalho à frente, sendo entrevistado. As mulheres raramente são registradas sozinhas no ambiente de trabalho, predominam os grupos, e raríssimas se apresentam sentadas atrás da mesa de trabalho. O mais recorrente é a representação da mulher comerciária em postura de atendimento a alguém: o cliente na loja, a criança ou o adulto na enfermaria, os alunos nos cursos.

Figura 76. *Sesc em Marcha*, set-out 1950, p. 8

Figura 77. *Revista do Comerciário*, fev 1957, capa

Figura 78. Dia do Comerciário: (da esquerda para a direita) Maria Aparecida Nonato (princesa), Ermelinda Creta (rainha), Iná Bernardes da Silva (princesa), Dirce Ambrósio (princesa) e Herondina Zangrandi (1ª princesa). *Revista do Comerciário*, nov-dez 1957, p. 13

Figura 79. Piscina do Rádio Hotel, com o qual o Sesc mantinha parceria para as férias coletivas dos comerciários. *Revista do Comerciário*, nov-dez 1957, p. 5

Figura 80. Jácomo Rosolém, na época, representante dos funcionários da Cia. Paulista de Hotéis, e José Jarjura, representante dos funcionários da Firma de Tecidos Alexandre Arap S. A. *Revista do Comerciário*, nov 1959, p. 4

Figura 81. Raphaela Bruna Fiaschi recebe seu primogênito das mãos da enfermeira Elza de Carvalho, na Maternidade do Sesc. *Revista do Comerciário*, ago-set 1958, p. 3

Figura 82. Funcionárias do restaurante Alcântara Machado – atual Sesc Carmo – servem a refeição aos comerciários. *Revista do Comerciário*, jan-fev 1960, p. 4

Figura 83. Comerciária fotografada em seu ambiente de trabalho. *Revista do Comerciário*, jan 1957, p. 2

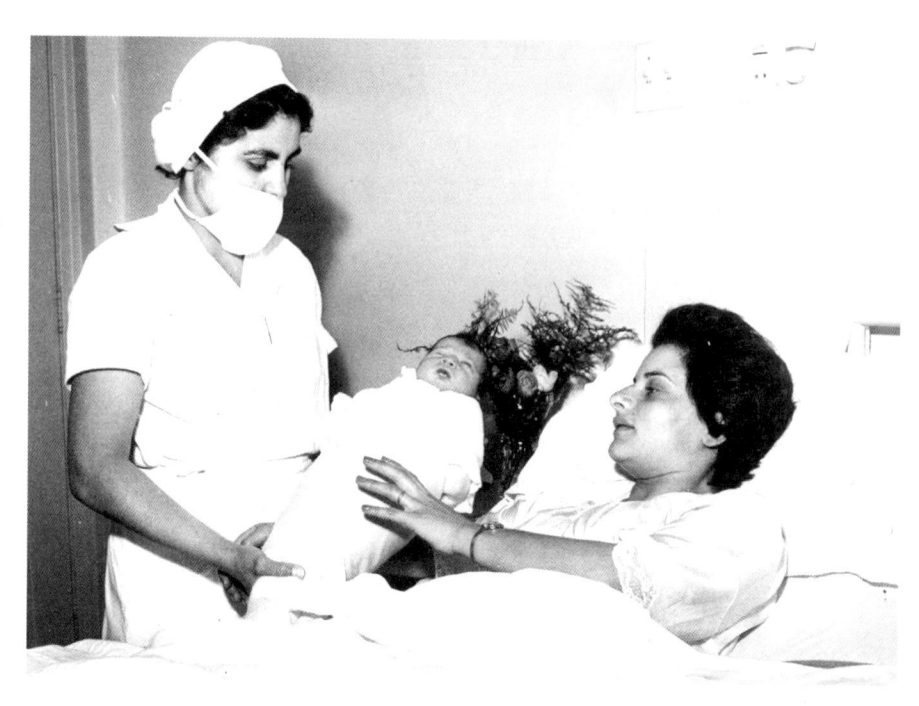

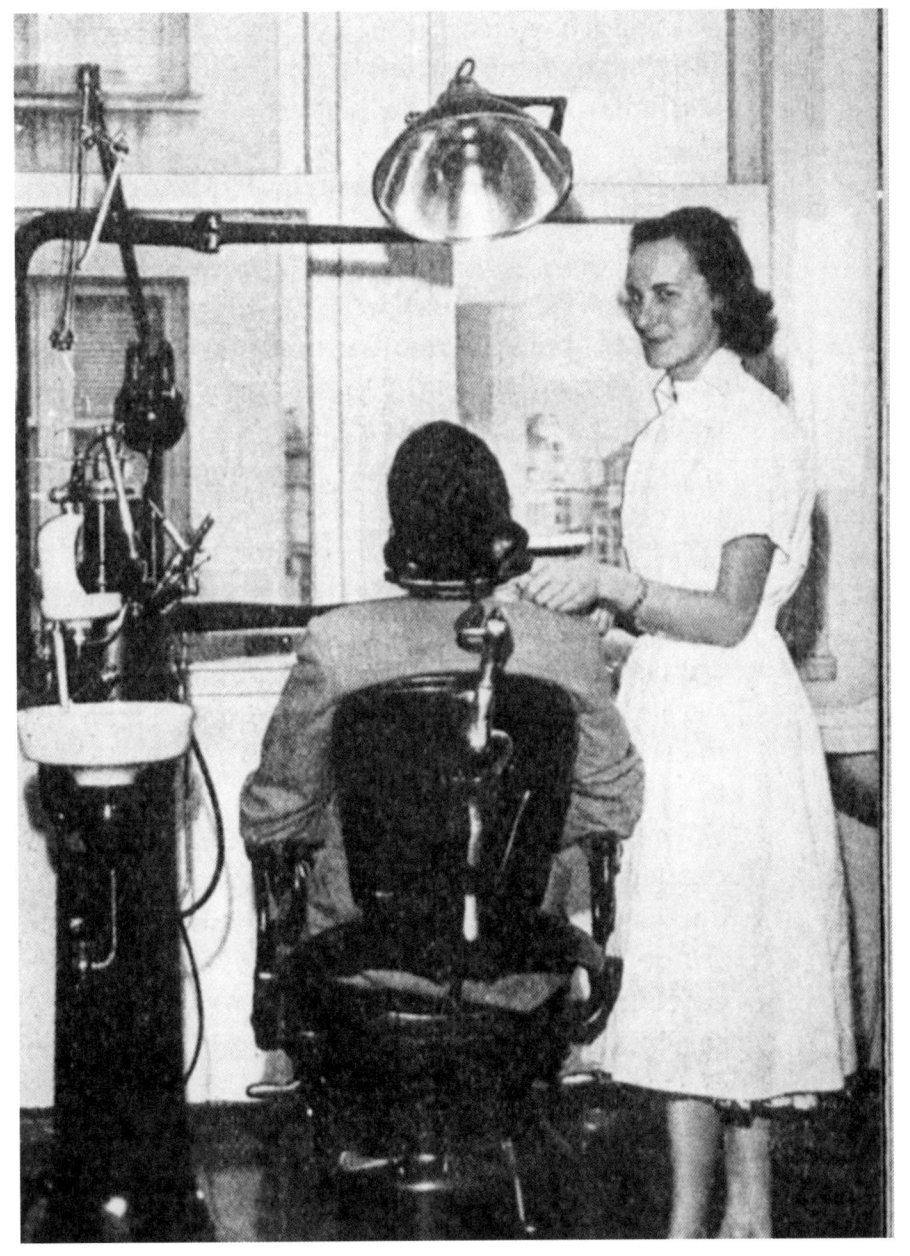

Figura 84. Funcionária da clínica de odontologia do Sesc, onde eram oferecidos serviços gratuitos aos associados. *Revista do Comerciário*, set-out 1957, p. 9

Figura 85. Funcionária com crianças na Maternidade do Sesc. *Revista do Comerciário*, set 1959, p. 9

Figura 86. Funcionário trabalhando no laboratório do Hospital dos Comerciários. *Revista do Comerciário*, set 1959, p. 9

Figura 87. Entrevista com presidente do Sindicato dos Empregados no Comércio Hoteleiro. *Revista do Comerciário*, jan-fev 1958, p. 6

80. Susan K. Besse, *op. cit.*, p. 148.

81. Ao analisar as representações visuais que explicitam as diferenças sexuadas dos espaços no ambiente doméstico, Vânia Carneiro de Carvalho, em seu livro *Gênero e artefato* (2008), caracteriza o universo de objetos que gravitam em torno do homem. Vide nota complementar ao final do livro, na página 256.

Com a rápida expansão do setor de serviços, os empregadores invariavelmente (e convenientemente) descobriram que as mulheres (que pediam salários muito mais baixos que os homens) estavam 'naturalmente' qualificadas para preencher os novos postos de professoras, enfermeiras, assistentes sociais, balconistas, caixas de banco, telefonistas, recepcionistas e secretárias.[80]

Por vezes, a diferença do homem representado em posto de comando, com a autoridade que a mesa de escritório lhe confere[81] ou no exercício de função especializada, em relação à mulher servindo ou cuidando é explicitada pela edição de imagens, como as seguintes, que figuram na mesma página da revista.

Ou, ainda, pode ser identificada em uma única imagem, como a figura 87, em que a mulher aparece em pé, novamente no atendimento, neste caso do telefone. Sua função é claramente a mais baixa na hierarquia do trabalho representado nas fotografias. As legendas se encarregam de qualificar os personagens masculinos, como os presidentes de sindicato, mas deixam no anonimato as trabalhadoras. Na reportagem sobre o locutor esportivo Pedro Luiz, da Rádio Bandeirantes, a edição

Figura 88. *Revista do Comerciário*, abr-mai 1957, p. 3

Figura 89. Presidente do Sindicato dos Arrumadores de São Paulo, Amâncio Nogueira, em entrevista. *Revista do Comerciário*, dez 1956, p. 10

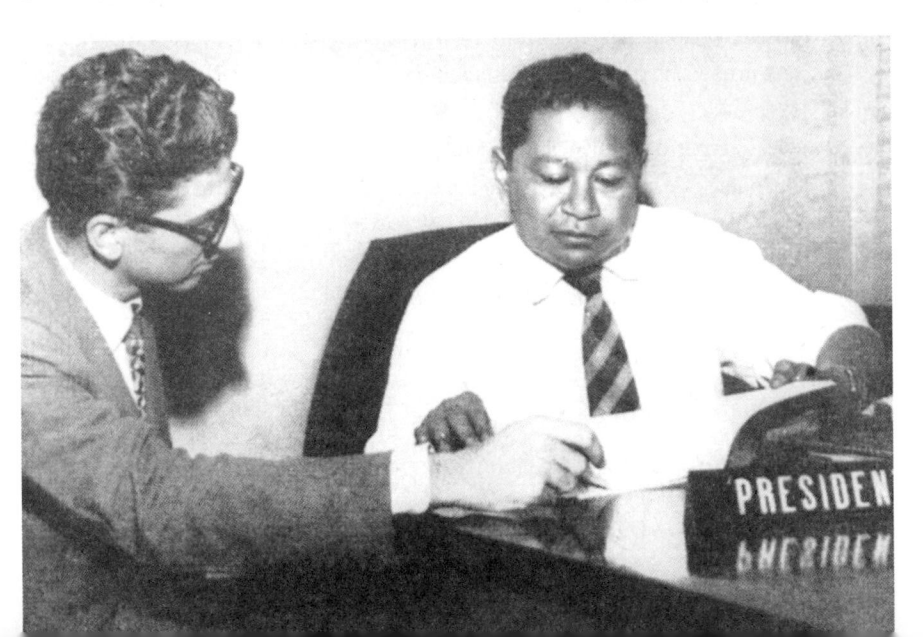

Figura 90. Presidente do Sindicato dos Trabalhadores em Empresas Comerciais de Minérios e Combustíveis Minerais no Estado de São Paulo, Lourival Portal da Silva, em entrevista. *Revista do Comerciário*, mar--abr 1958, p. 6

justapõe fotografias dele no trabalho e de sua anônima esposa e filhos em casa, como se vê na figura 91.

Figura 91. *Revista do Comerciário*, ago 1957, p. 6

Na *Revista do Comerciário*, a representação da "beleza feminina" ocorre nos padrões já praticados em outros suportes e circuitos visuais. A associação do gênero feminino a elementos da natureza, especialmente a flores, tem uma vasta tradição e é reiterada na capa de fevereiro de 1957 (figura 92).

Nesse repertório, menção especial merecem as flores, fundamentais na atribuição de marcas femininas aos objetos. Em todos os manuais encontramos referências a elas. As mulheres são exaustivamente representadas em fotografias ao lado de vasos de flores, portando buquês, com roupas estampadas com motivos florais.[82]

82. Vânia Carneiro de Carvalho, *op. cit.*, p. 88.

A edição de fevereiro de 1957, aliás, contabiliza com outra, de janeiro de 1958, os primeiros exemplares a incorporar fotografias coloridas às matérias – todas dedicadas às mulheres. Ao final do volume de 1957, chama a atenção uma série de fotografias de mulheres que se tornam modelos de suas próprias criações no curso de corte e costura (figuras 93 a 98). Nessas imagens, objetos de decoração e a indumentária competem como mostruários e a mulher, embora nomeada e feliz em seu papel de modelo, aproxima-se formalmente dos objetos da casa. Moda e distinção sintetizadas na moderna pose feminina decorativa da dona de casa, legada também às meninas, que podem já ensaiar seu futuro papel de mãe ao posar com boneca feita pelas alunas do curso de Artes Domésticas (figura 98).

Figura 92. *Revista do Comerciário*, jan-fev 1958, capa

A coluna "Comerciária do Lar", da *Revista do Comerciário*, é dedicada às comerciárias que cuidam da casa e é o equivalente de "Eva do século XX", circulada na *Sesc em Marcha*, só que em moldes bem mais conservadores. Essa coluna reúne pensamentos e conselhos dirigidos ao comportamento e à beleza da mulher. No exemplar de janeiro de 1956, ano de início da *Revista do Comerciário*, dois tópicos chamam a atenção e corroboram o que aqui foi discutido a partir das características da produção fotográfica. A mulher comerciária deve ser jovem, prática, dominar as regras da civilidade e ao mesmo tempo estar atenta ao lar e à família. No quesito beleza, a colunista alerta:

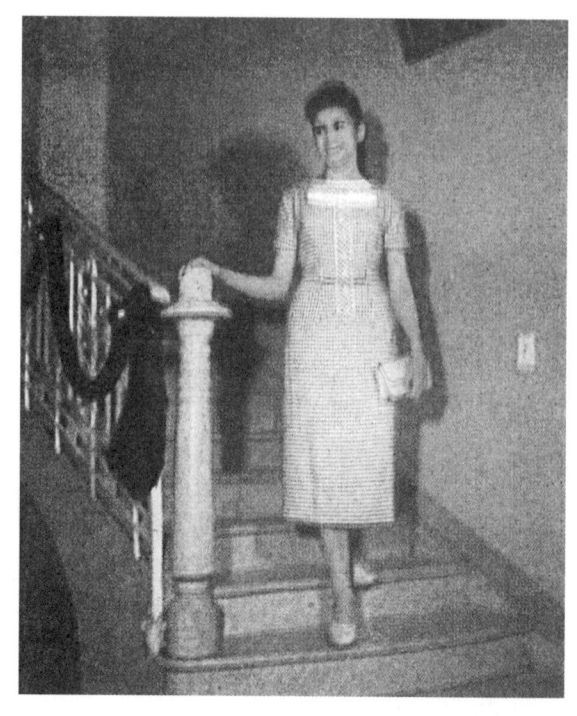

Figura 93. Jandira
Ferreira Fonseca. Rico
vestido de festa em renda.
Bolsa em macramê.
Revista do Comerciário,
nov-dez 1957, p. 23

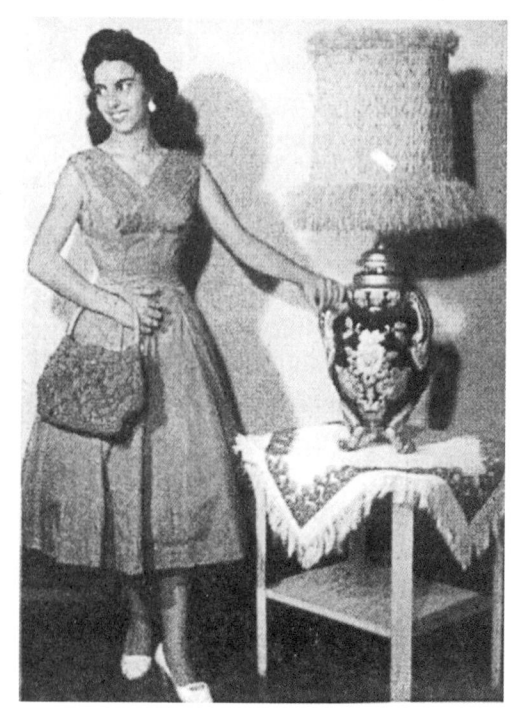

Figura 94. Ana Maria
Rangel Macedo. Vestido em
algodão branco e marinho,
corpo inteiro, debruns e
laço em fustão branco.
Revista do Comerciário,
nov-dez 1957, p. 23

Figura 95. Damasilda
Conceição dos Santos.
Vestido em algodão, busto
em preguinhas. Bolsa em
sisal e abajur em rafia.
Revista do Comerciário,
nov-dez 1957, p. 23

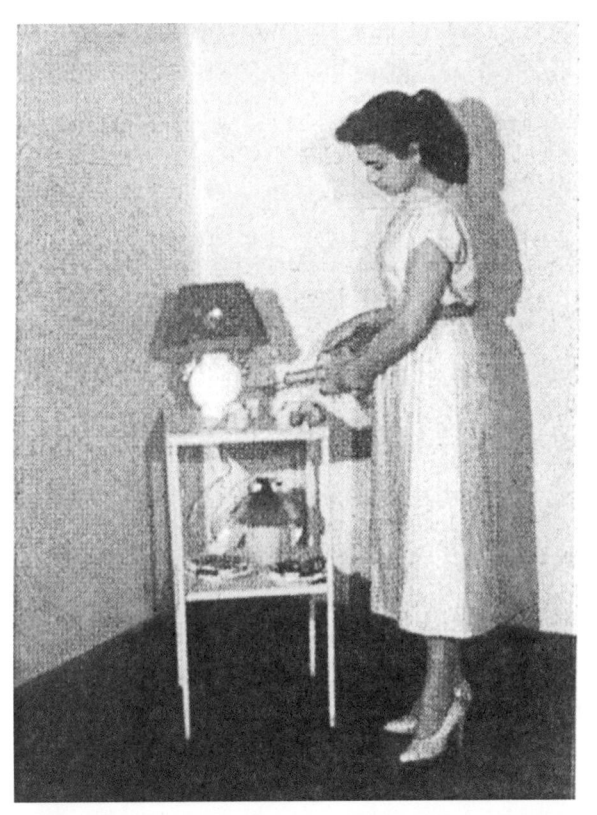

Figura 96. Ana Maria Rangel Macedo. Vestido em jérsei de algodão. Sobre a mesa, copinhos e garrafa trabalhados em corda. *Revista do Comerciário*, nov-dez 1957, p. 22

Figura 97. Damasilda Conceição dos Santos. Vestido em organza de náilon estampado. Bolsa em macramé. *Revista do Comerciário*, nov-dez 1957, p. 22

Figura 98. Martha Jordão. Vestido em lonita xadrez com alças ou suspensórios em fustão bordados. A boneca é trabalho das alunas do curso de Artes Domésticas. *Revista do Comerciário*, nov-dez 1957, p. 22

123

A beleza não é atributo da juventude que desaparece com o passar dos anos até se extinguir aos primeiros sinais de velhice.

Ela é, antes, o resultado de um perfeito equilíbrio de saúde, conjugado com certos cuidados para sua conservação.

Assim, a mulher em primeiro lugar deve zelar pelos mínimos detalhes de sua saúde, para depois cuidar de sua beleza em suas mãos.

O cultivo da beleza feminina impõe certos sacrifícios e muita força de vontade, altamente compensados quando o espelho nos revela quão mais novas parecemos do que realmente o somos![83]

Parecer mais jovem do que realmente a mulher é implica sacrifícios, compensados pela imagem especular. A preocupação com a saúde está em consonância com as justificativas da participação da mulher nos esportes, ou nos momentos de descanso na colônia de férias e nos clubes associativos. No quesito apresentação pessoal, um desenho de moda estampa o centro da página como sugestão de um *tailleur* para a comerciária que sai do trabalho diretamente para um evento social noturno – teatro ou reunião. Os cabelos devem ser curtos, bem lavados e escovados, no caso da dispensa do chapéu. A indumentária adequada para a jornada de trabalho e social faz parte do "verniz de modernidade", termo adotado por Bonadio ao analisar a *Revista Feminina*, pioneira na atenção ao público feminino.[84] A moda constituía elemento fundamental desse verniz. E eram comuns descrições detalhadas de modelos nas colunas de moda de roupa. Outro elemento associado à aparência feminina moderna são os cabelos curtos, isso já nos anos 1920, que, segundo conselhos às comerciárias dos anos 1950, se mantêm como prerrogativa moderna.

No trato social, o conselho da coluna é genérico, mas revelador de uma estratégia cara aos que se engajam nas metas de "subir na vida": lançar mão da simpatia pessoal, pois "pode-se observar facilmente como é destoante, em um grupo, a pessoa que não cumpre com certas regras que a urbanidade ou a cortesia exigem".[85] Isso porque "a luta pela vida nos obriga a uma série de relações sociais que irão muitas vezes representar fator de sucesso ou fracasso".[86]

83. *Revista do Comerciário*, jan., 1956, p. 13.

84. Maria Claudia Bonadio, *Moda e sociabilidade. Mulheres e consumo na São Paulo dos anos 1920*, São Paulo: Editora Senac São Paulo, 2007, p. 131.

85. *Revista do Comerciário*, jan., 1956, p. 13.

86. *Ibidem*.

As funções educativas da *Revista* para a vida urbana, tomando-se aqui o gênero feminino, abarcam mais um elemento, a família. Sobre o assunto, a coluna trata da alegria na família e o conselho é assinado por um padre que conclui seu breve parágrafo afirmando: "Principais responsáveis pela alegria no lar, o pai e a mãe procurarão organizar jogos para seus filhinhos, ou tomar parte nos deles".[87]

A comerciária moderna mãe de família deve, portanto, ser simpática e cortês, pelo bem da urbanidade, sacrificar-se para manter-se jovem e bela, vestir-se de acordo com uma moda apta para a jornada social e de trabalho e, ao chegar a casa, esbanjar alegria na família, participando de jogos com os filhos. É importante mesmo que se frise o termo saúde, diante da tripla jornada que o modelo sugere e que requer disciplina permanente do comportamento – na dimensão física e mental. E daqui se pode entender também a fala de Nair ao salientar a dificuldade da mulher que, por depender muito da apresentação pessoal para garantir seu emprego, precisa conciliar todas essas demandas com as complicações da vida moderna – os baixos salários, a distância de casa que impede o retorno para a alimentação caseira e o descanso.

Mas, se a *Revista do Comerciário* propaga um modelo de mulher muito calcado na aparência e ao mesmo tempo conciliador e conservador quanto ao papel que deve desempenhar entre o trabalho e as obrigações do lar, é também nesse veículo que se encontra referência ao posicionamento político em relação ao feminino. Em matéria publicada na *Revista do Comerciário* de 1959, informa-se a criação de um Departamento Feminino no interior do Sindicato dos Empregados no Comércio de São Paulo e as razões são apresentadas. A matéria é ilustrada com a fotografia de um grupo de mulheres ocupando simbolicamente a tradicional mesa de reuniões que, como já vimos, é muitas vezes representada como parte do universo masculino (figura 99):

> Representando grande parte da classe, as comerciárias paulistas podem e devem ter seus direitos equiparados aos do homem. Embora trabalhando e enfrentando os mesmos problemas que este, ainda não se estabeleceu entre elas a consciência de classe.
>
> As causas são muitas. Seria fastidioso enumerá-las aqui, porém ressaltamos principalmente o tradicionalismo que vem regulando

87. *Ibidem.*

a vida da mulher na nossa sociedade. A falha, entretanto, pode ser superada.[88]

O tradicionalismo a que se refere o texto é certamente aquele expresso nos inúmeros discursos circulados nas publicações destinadas à mulher que ecoam a posição da Igreja católica ao sustentar uma ideia de incompatibilidade da instituição da família com a autonomia para o trabalho da mulher. Ao longo dos doze anos de publicações, em seus dois periódicos, o Sesc procurou conciliar essas ideias que por vezes se antagonizavam, sem deixar de corroborar o modelo vigente em outras instâncias da sociedade urbana brasileira no tocante ao lugar social da mulher. A produção fotográfica, no caso, permitiu conhecer alguns aspectos dessa imagem conflituosa.

Em franco contraste, a produção fotográfica presente na série *Livros comemorativos* oferece poucas pistas passíveis de ser seguidas para inferir modelos de comportamento feminino. Não porque as mulheres figurem menos, ao contrário. Sua presença é expressiva, mas não há representação de atividades ou discursos visuais especialmente dirigidos a elas. Isso se deve, por um lado, às diferenças de perfis de ambas as séries iconográficas, já referidas no primeiro capítulo.

A série *Revistas periódicas* circulou em um momento-chave de constituição da imagem institucional do Sesc, a saber, de sua implantação em um contexto de profundas transformações sociais e econômicas das sociedades urbanas brasileiras, especialmente a paulistana. É a partir desse contexto que se procurou discutir o sentido das imagens veiculadas do ponto de vista das funções educadoras e fornecedoras de modelos para as novas práticas culturais e sociais em curso que a fotografia logrou cumprir. E essas funções ganham atenção especial no caso do lugar da mulher na sociedade urbana.

No caso da série *Livros comemorativos*, tanto o momento histórico quanto o perfil das publicações são bem distintos. As publicações reafirmam o lugar já conquistado do Sesc na sociedade brasileira, os discursos visuais e textuais partem dessa premissa e trata-se antes de celebrar o sucesso por meio de uma profusão de imagens das instalações e práticas do que de promover o contato "educativo" com o novo. Assim, as funções da fotografia são também outras e têm por foco não os atores sociais propriamente, mas a qualificação dos equipamentos para esses atores, como já referido.

88. *Revista do Comerciário*, set. 1959, p. 14.

São outras as questões que essa opção editorial permite encaminhar, como, por exemplo, a dimensão do corpo físico no âmbito de uma nova forma de entender o tempo livre a partir da noção de lazer. Nesse outro contexto, as diferenças de gênero e faixa etária retornam, mas na esfera da dimensão física da corporalidade. É do que se tratará a seguir.

Figura 99. Integrantes do Departamento Feminino do Sindicato dos Empregados no Comércio de São Paulo. *Revista do Comerciário*, set 1959, p. 14.

IV. O corpo em movimento

A principal característica comum à produção fotográfica em foco é a figuração humana,[89] expondo um extenso inventário de tipos de corpos, posturas, gestos e ações. Foi esse perfil da produção fotográfica selecionada que suscitou a criação de descritores livremente baseados na classificação de Laban de interpretação dos movimentos, como foi tratado no primeiro capítulo. Por meio desses descritores fez-se possível controlar as recorrências de ações registradas, sobretudo nas chamadas fotografias instantâneas, ou naquelas que supostamente prescindem da pose.[90] Neste capítulo, as análises decorrem mais diretamente dos resultados obtidos a partir das recorrências de fotografias segundo a *área de atuação* e o tipo de *movimento* corporal identificado.

As atividades das áreas de saúde e lazer totalizam 40% do total de imagens nas duas séries.[91] A área de atuação *saúde* engloba uma série de atividades relacionadas com subáreas como esportes, odontologia, radiologia, maternidade etc. Já a área de atuação *lazer* abarca o lazer infantil, viagens etc. Os esportes e a colônia de férias figuram com maior incidência para as áreas de saúde e de lazer. A colônia de férias aparece em 14% do conjunto de imagens analisadas, o que representa um alto grau de recorrência considerando a variadíssima gama de atividades tratadas visualmente em ambas as séries. Quando associada à área de lazer, a colônia de férias figura com a maior incidência entre as atividades. No caso dos esportes, também assinalam incidência considerável, representando 9% do total de imagens.

89. Do total de fotografias analisadas nas duas séries, as que não têm figuração humana (paisagens ou registros de equipamentos e da arquitetura externa e interna) representam 14%.

90. Para controlar as fotografias em que claramente se identifica uma representação encenada, ou seja, em que o retratado simula um movimento para o fotógrafo, foi acrescido o termo "posado" ao movimento descrito.

91. As áreas de atuação foram definidas com base na classificação de atividades que o Sesc adota para a elaboração de seus planos de ação e relatórios. Cf. anexo II.

Em outra seara, a estratégia visual que mobiliza o corpo a serviço das celebrações das ações do Sesc aparece na categoria de descrição como *festividades*. As fotografias que registram festividades representam a segunda maior incidência (17,5%), depois das relativas às atividades nas áreas de saúde e de lazer. Para essa categoria foram considerados todos os registros relacionados com comemorações, abrangendo uma ampla gama – inaugurações de centros sociais, cerimônias de formatura ou de entrega de troféus, festas cívicas e religiosas e desfiles públicos. A categoria de atividades está presente somente na série *Revistas periódicas*.

O movimento funcional, atribuído ao corpo que executa ação sobre algo ou em função de algo – trabalho manual, brincadeira, dança de salão, costura, jogo de pingue-pongue, manuseio de aparelhagem, cuidado com pacientes –, constitui o movimento majoritário, ao qual se refere a metade das fotografias de ambas as séries. É certo afirmar que essa combinação – pessoas ou grupos, movimento funcional e atividade Sesc – parece óbvia e esperada. No entanto, os caminhos óbvios dão a conhecer padrões. Esse *movimento* apresenta-se com relevância em todas as áreas de atuação. Ou seja, o corpo representado nas fotografias que formam a imagem do Sesc é um corpo mobilizado, constantemente em ação. É a partir dessas evidências trazidas pela fotografia que se tratou da representação do corpo no contexto das práticas de lazer, do esporte e das comemorações coletivas.

Esporte e sociabilidade: saudáveis movimentos

O número de agosto-setembro de 1956 da *Revista do Comerciário* faz um balanço das atividades realizadas pelo Sesc, entre as quais as esportivas. A apresentação desse setor merece transcrição, pois nele estão inscritos os vários conceitos subjacentes à prática de esporte tal como a instituição a concebe:

> O esporte é, incontestavelmente, um fator de interação social. Baseando-se nisso, o Sesc procura desenvolver as atividades esportivas dos comerciários com a finalidade de incentivar associações espontâneas, relações de indivíduos e grupos de diversos exercícios profissionais do comércio. O caráter social das competições do Sesc é a congregação de toda uma classe, graças ao denominador comum de interesses que é a força agluti-

nadora dos esportes. Nem só do ponto de vista social, porém, são vantajosas as práticas esportivas. Para o indivíduo oferecem, além da higiene corporal (arejamento da epiderme, eliminação das toxinas pela transpiração), a higiene mental. Realmente, a possibilidade de descarregar energias acumuladas em períodos de trabalho deve ser encarada com o maior cuidado. Por intermédio do esporte essa descarga pode ser totalmente efetuada de maneira equilibrada, disciplinada, psíquica e fisicamente.[92]

O poder integrador dos esportes é, de fato, a principal motivação para as iniciativas não só do Sesc, mas dos diversos clubes de empresas do setor terciário que figuram nas páginas da *Revista do Comerciário* e da *Sesc em Marcha*. Muitos trazem até o termo para designar suas associações – Esporte Club Borghoff, Esporte Clube Folhas. Essa designação merece reflexões sobre o momento histórico em que o esporte se constitui como prática e torna-se, assim, elemento distintivo na sociedade.

Em seu livro *Questões de Sociologia*, Pierre Bourdieu aponta com precisão que o esporte nasce da apropriação dos jogos populares pelas elites burguesas, introduzidos nas escolas internas ou semi-internas como práticas corporais. Nesse processo, os jogos são destituídos de suas funções sociais atreladas a outros rituais e a um calendário coletivo para se tornarem essencialmente exercícios corporais; ou seja, na escola, os jogos tornam-se um fim em si mesmo, levando ao que Bourdieu considera uma autonomização do campo das práticas esportivas. Assim, passam a funcionar como arena para a obtenção de "lucros distintivos", saberes adquiridos de forma privilegiada na escola e que podem garantir um "capital" a ser mobilizado nas ações de identidade de classes.[93]

O esporte faz do corpo a plataforma de expressão, comprova que racionalmente se pode desenvolvê-lo e torná-lo, tal como a mente, saudável, além de funcionar como indicador da disponibilidade do tempo livre para seu exercício (o que, em uma sociedade na qual "tempo é dinheiro", também representa distinção). No texto acima, a higiene mental é alcançada por meio da disciplina e do equilíbrio, portanto com ações derivadas de uma forma intelectualizada de lidar com o corpo.

A prática esportiva introduzida e incentivada pelos empresários do setor terciário pode ser considerada parte do conjunto de saberes negociado entre elites e as camadas médias emergentes, reproduzindo, na forma das associações e grêmios vinculados ao lugar do trabalho,

92. *Revista do Comerciário*, ago.-set., 1956, p. 23.

93. Pierre Bourdieu, *Questões de Sociologia*, Rio de Janeiro: Marco Zero, 1983, p. 143.

os clubes seletos das elites, organizados em torno de uma modalidade, como tênis, golfe etc. Mais do que garantir a boa saúde do trabalhador, as práticas esportivas, como bem frisa o texto da revista, ajudam a descarregar as energias de forma disciplinada. Aliada a essa função, a prática esportiva é claramente agenciada como elemento de socialização – o esporte é aglutinador, como se refere no texto. Tanto as competições quanto a superação solitária dos limites do corpo dependem do controle disciplinar instituído pelas regras do esporte que também acabam por regular a convivência social. A disciplina do corpo físico individual transborda para a disciplina do corpo social.

Desde o início do século XX se assiste a um incremento desse tipo de espaço de sociabilidade, com a introdução das práticas esportivas nos clubes privados e nas escolas. Ao traçar a história do corpo trabalhado pelas práticas esportivas e da ginástica na Europa, nos primeiros anos do século XX, Georges Vigarello e Richard Holt identificam a disseminação do esporte amador com o crescimento das cidades:

> O esporte amador propunha um novo uso do corpo que correspondia às necessidades de uma população urbana em rápido crescimento. É significativo que as primeiras associações esportivas modernas e os primeiros clubes tenham sido criados em Londres, então a cidade mais populosa do mundo. A capital da Inglaterra tinha um número excepcional de comerciantes, funcionários, empregados de escritório, advogados e contadores; todos atravessavam Londres para ir à *city*.[94]

Mônica Schpun, que pesquisou a cultura física em São Paulo nos anos 1920, afirma, a propósito dos clubes privados, que "oferecem às famílias da oligarquia espaços privilegiados para a sociabilidade entre iguais. Eles servem de muralhas contra a ascensão social e contra as misturas de classes".[95]

Função semelhante teriam os clubes de comerciários, pode-se afirmar. Formas de sociabilidade que induzem à criação de identidades entre "iguais".

Especialmente no caso do futebol, que aparece em número expressivo entre as fotografias da *Revista do Comerciário*, são marcadas as diferenças com aquele futebol popular praticado nas várzeas e mesmo com o profissional. A atribuição do termo "amador", muito recorrente nos títulos dos torneios e nas legendas das fotografias, funciona como o lastro que, mais uma vez, aproxima nas suas formas aparentes a prá-

94. *História do corpo*, Alain Corbin, Jean-Jacques Courtine e Georges Vigarello, Petrópolis/RJ: Editora Vozes, 2008, p. 431.

95. Mônica Schpun, *Beleza em jogo. Cultura física e comportamento em São Paulo nos anos 20*, São Paulo: Boitempo Editorial, 1999, p. 53.

tica esportiva do comerciário à prática das elites. A prática amadora remete ao modo desinteressado ou ao "fim em si mesmo" referido por Bourdieu ao tratar da apropriação dos jogos populares pelas elites.[96]

Essa hipótese procura explicar a incidência, na *Revista do Comerciário* e na *Sesc em Marcha*, dos retratos posados de times dos clubes esportivos e dos grêmios de empresas, ou mesmo do Sesc. Apesar de as práticas esportivas de grupo serem as mais populares, incentivam-se também algumas dessas práticas tipicamente associadas às elites até hoje, como o tênis, ou de pouca aderência à cultura local, como o beisebol.

Nos clássicos retratos dos times, é recorrente a presença do empresário dono do estabelecimento, ou do diretor da instituição. O "pai patrão", quando não identificado na legenda, distingue-se pela indumentária – paletó, gravata, ou apenas camisa e gravata. Esses retratos dos corpos dóceis e conformados pela pose fazem parte da tradição dos registros fotográficos de cunho geracional dos grupos familiares. No caso, diferentemente das reportagens em locais de trabalho encetadas pela *Revista do Comerciário*, cujas legendas identificam nominalmente os empregados, a identidade é coletiva, associada à da empresa.

Figura 100. Atletas do Grêmio Esportivo Galeria Paulista. *Revista do Comerciário*, abr-mai 1957, p. 8

96. No caso paulistano, é interessante apontar a resistência havida na década de 1930, quando da profissionalização do futebol. Vide nota complementar ao final do livro, na página 256.

Figura 101. Time de futebol formado por funcionários da Maternidade João Daudt D´Oliveira, do Sesc. *Revista do Comerciário*, ago-set 1958, p. 2

Figura 102. Departamento de Tênis da Cooperativa Agrícola de Cotia. *Revista do Comerciário*, jun-jul 1958, p. 10

Figura 103. Departamento de Beisebol da Cooperativa Agrícola de Cotia. *Revista do Comerciário*, jun-jul 1958, p. 11

Figura 104. Brasilio Machado Neto entre os jogadores de vôlei da Construtora Monolítica e do Nagib Salen. *Sesc em Marcha*, nov 1949, p. 12

135

Figura 105. Time de futebol das Lojas Mappin, campeã em 1949. *Sesc em Marcha*, nov 1949, p. 12

Figura 106. Equipes de futebol das empresas Atlantic e Duperial, que disputaram um torneio na cidade de Caieiras. *Sesc em Marcha*, jul-ago 1950, p. 7

O voleibol era o único esporte de equipe destinado ao gênero feminino. Para o corpo da mulher recomendavam-se o balé clássico e a ginástica rítmica. As duas modalidades começaram a se tornar populares nos anos 1920. Publicações como *A Cigarra*, *Revista Feminina* e *Sports*, esta dedicada aos esportes, divulgavam eventos em que as jovens das elites figuravam em público exercitando sua expressão corporal, para a qual a disciplina das aulas de etiqueta e dança clássica era fundamental. A referência dessa prática naquele momento era a professora de dança clássica senhora Rego Cavalcanti.[97]

Quase três décadas depois, nas páginas da *Revista do Comerciário*, são noticiadas aulas de balé clássico mostrando poses surpreendentemente parecidas com as das revistas femininas referentes às aulas para moças da elite paulistana. A ginástica rítmica também figura entre as práticas exclusivas do gênero feminino.

Figura 107. Alunas da Escola de Dança Clássica que participaram do 3º Festival de Arte do Clube "Amigos do Sesc e Senac", em 23 de março de 1950. *Sesc em Marcha*, mar-abril, 1950, p. 10

Figura 108. Alunas no curso de Balé oferecido pelo Sesc. *Sesc em Marcha*, nov-dez 1951, p. 12

97. Ver Mônica Schpun, *op. cit.*, caderno de imagens.

Figura 109. Professora e diretora do Curso de Balé, Halina Biernacka, ensina suas alunas. *Sesc em Marcha*, nov-dez 1951, p. 12

Figura 110. Grupo de meninas se exercitando na barra durante aula de balé. *Sesc em Marcha*, nov-dez 1951, p. 12

Figura 111. Grupo de alunas do Ginástico Paulista em demonstração de ginástica rítmica. *Revista do Comerciário*, mar 1958, p. 17

O arranjo visual da fotografia enfatiza a característica principal dessas duas práticas, a saber, o sincronismo de movimentos no grupo fixado por meio de tomadas que valorizam a cadência e as ressonâncias formais. O prazer estético advém justamente dessa expressão visual do sincronismo. Corpos que dialogam e se estruturam em prol de um resultado de conjunto configurando desenhos ou ornamentos. O resultado visual é inalcançável para seus protagonistas, cientes de sua condição de parte de um todo a que só a distância requerida pelo espetáculo dá sentido.

Figura 112. Ginastas se apresentam na Escola Senac – Brasílio Machado Netto. *Revista do Comerciário*, mar 1958, p. 17

A ginástica rítmica distingue-se das demais modalidades apresentadas nas páginas dos periódicos Sesc por suas origens. Ela não era praticada por elites e o paralelo mais próximo que se pode fazer é com o balé. Trata-se de uma modalidade que guarda todos os elementos da moderna cultura urbana, mas não é moeda de troca das camadas sociais ascendentes com as elites estabelecidas, como foram o futebol, o voleibol, o cestobol (ou bola ao cesto) e, em outro registro, o balé. Ela é, por assim dizer, uma criação moderna que se concretiza na realidade das massas urbanas. A racionalidade que preside os movimentos cadenciados, de geometria móvel, é a mesma que controla os fluxos da produção industrial em série, dos operários na saída das fábricas ou na entrada dos transportes coletivos e em todas as manifestações voltadas para públicos amplos (o cinema nas feiras, os jogos nos estádios).

Não por acaso, a ginástica rítmica tornou-se popular graças ao cinema, produto cultural que também pode ser considerado filho da cultura urbana de massas e não devedor ou derivado das artes apreciadas pelas elites cultas. A câmera filmográfica (assim como a fotográfica) será capaz de revelar, de pontos de vista inusitados e impossíveis para o público, a beleza do conjunto de movimentos sincronizados, por meio de tomadas ascensionais e panorâmicas. As massas reconhecem, assim, o potencial estético de sua forma. As fotografias da ginástica rítmica praticada no Sesc lembram os musicais produzidos em Hollywood nas décadas de 1930, 1940 e 1950 com coreografias para dezenas de bailarinas. Na montagem do símbolo das Olimpíadas (fig. 112), os bambolês evocam as formas circulares que caracterizam as coreografias caleidoscópicas do coreógrafo americano Busby Berkeley, o mais conhecido e bem-sucedido profissional que atuou por décadas na produção de musicais dos estúdios de Hollywood.

Essas ideias que estamos expondo foram trazidas à baila por inspiração de Siegfried Kracauer.[98] Em seu artigo "O ornamento das massas", escrito em 1924, Kracauer analisa a ginástica rítmica e estabelece as relações formais e de sentido dessa modalidade com a cultura urbana moderna no âmago do sistema capitalista. O artigo refere-se às críticas negativas que a ginástica rítmica e seu derivativo, o balé aquático, recebiam da alta cultura, que desprezava tais formas de espetáculo por considerá-los de pouco valor artístico. É a propósito das críticas que Kracauer desenvolve sua reflexão postulando o caráter inovador e mesmo revolucionário dessas modalidades, na medida em que, por meio delas, se realizaria uma estética identificada com as massas.

O que interessa reter aqui dessa reflexão é o fato de modalidades advindas de circuitos diversos – do circuito das elites e outras, nascidas já no contexto de formação das camadas médias da sociedade capitalista – integrarem o mesmo repertório de ações patrocinadas pelo Sesc e divulgadas em suas revistas. Trajetórias distintas para a disciplina do corpo que se acomodam no elenco de atividades saudáveis oferecidas aos comerciários. A fotorreportagem opera no sentido de equalizar tais trajetórias e assim atualizá-las como resultado original da filosofia de ação da instituição, consubstanciando uma imagem a que não se pode chamar de elitista nem de populista.

98. Escritor e jornalista alemão nascido em Frankfurt (1889) e falecido em Nova York (1966), Kracauer especializou-se no que hoje se pode chamar de jornalismo cultural, comentando em suas crônicas publicadas no *Frankfurter Zeitung* reflexões em torno da cultura alemã na sua contemporaneidade. Vide nota complementar ao final do livro, na página 257.

A exibição pública das práticas esportivas é outro fenômeno dessa cultura urbana moderna. Os torneios dos clubes organizados pelas empresas do setor terciário contavam com desfiles e apresentações em estádios, configurando o esporte na dimensão do espetáculo. Os atores são os corpos, disciplinados na marcha das delegações, esculpidos no exercício físico, ágeis no esporte em grupo. A visão espetacular da massa trabalhadora disciplinada pela prática esportiva é apaziguadora, pois configura, imaginariamente, o reverso das massas contestadoras, que também se apresentam espetacularmente no espaço urbano nas situações de passeatas e greves, mas neste caso com um "descarregar de energias acumuladas nas horas de trabalho"[99] que acontece sem controle, ameaçador.

A edição fotográfica dos torneios isola os momentos considerados mais importantes para as reportagens das revistas. Raros são aqueles do jogo propriamente dito. A exibição pública das marchas e das delegações atrai as lentes dos fotógrafos, bem como os instantes de cumprimento às comissões julgadoras ou de agradecimento da equipe aos organizadores, os diretores. Novamente as elites dirigentes se fazem presentes e, mais do que isso, são reverenciadas em público pelas massas trabalhadoras. Em 1957 e 1958, a cobertura fotojornalística dos torneios de voleibol feminino acontece segundo essa lógica e serve aqui de síntese para entender o padrão de discurso visual adotado para a temática em referência.

99. *Revista do Comerciário*, ago.-set, 1956, p. 23.

Figura 113. Apresentação da equipe de voleibol feminino das Lojas Mappin durante campeonato. *Revista do Comerciário*, abr-mai 1957, p. 9

Figura 114. Desfile de apresentação de todas as equipes participantes do torneio de voleibol feminino promovido pelo Sesc na Escola Senac – Brasílio Machado Netto. *Revista do Comerciário*, abr-mai 1957, p. 8

Figura 115. Atleta entrega um ramalhete de flores aos conselheiros do Sesc e Senac presentes no desfile de apresentação.
Revista do Comerciário, abr-mai 1957, p. 8

Figura 116. Luis Roberto Vidigal, presidente da Federação do Comércio, recebe homenagem de uma atleta durante a abertura do I Campeonato Feminino de Voleibol. *Revista do Comerciário*, jun-jul 1958, p. 15

É só na cultura urbana que as representações constituídas graças à aproximação com a imagem das práticas esportivas vivenciadas pelas elites possibilitam suplantar, na dimensão imaginária da sociedade, as diferenças sociais.

Assim, o comerciário constrói sua identidade sustentada por práticas coletivas só possíveis de desfrutar pela via do trabalho. Nesse contexto, reproduzem-se marcadores sociais semelhantes aos postulados pelas elites. Mas é mister considerar que tal mecanismo, intrínseco à mobilidade social, alcança sua plena eficácia apenas quando existe um consenso na troca ou transmissão de saberes, cujos dispositivos materiais advêm dos equipamentos e espaços oferecidos pelas empresas para o usufruto do tempo livre.

Essa configuração da produção fotográfica atrelada às práticas corporais é específica para o momento e a formação das camadas médias urbanas em meados do século XX. O padrão de registro fotográfico das práticas esportivas difere consideravelmente na série *Livros comemorativos*.

Figura 117. *Sesc 41 anos*, 1987, s.p.

A primeira diferença digna de observar é a atenção à prática esportiva dirigida ao público infantil e jovem. Na publicação *Sesc Senac* (1980), a que reúne o maior número de fotografias relativas às atividades esportivas (25% do total de fotografias), crianças e adolescentes predominam. Em menor escala, essa proporção se mantém para as duas demais publicações.

Outra diferença é quanto às posturas corporais. As possibilidades técnicas oferecidas pelas câmeras permitem o uso de lentes *zoom* que flagram cenas no decorrer de jogos, por exemplo.

Figura 118. Centro
Cultural e Desportivo
Carlos de Souza Nazareth,
atual Sesc Consolação.
Sesc Senac, 1980, p. 16

As práticas esportivas mais populares continuam as mesmas, com destaque para o futebol de campo e de salão, o voleibol e o basquete. As meninas figuram nos jogos para a menor faixa etária, mas no geral o gênero masculino se mantém predominante nos registros do tema. Algumas permanências surpreendem: a edição dos livros comemorativos associa a dança clássica ao gênero feminino, em fotografia com muita semelhança das presentes no periódico *Sesc em Marcha*, assim como a ginástica e a ginástica rítmica.

Figura 119. *Sesc Senac*, 1980, p. 55

Figura 120.
Sesc 41 anos,
1987, s.p.

Figura 121.
Centro Cultural
e Desportivo
Francisco Garcia
Bastos, em São
José dos Campos.
Sesc Senac, 1980,
p. 16

Figura 122. *Sesc Senac*, 1980, p. 55

Figura 123. *Sesc Senac*, 1980, p. 27

No registro de jogos, a figura feminina é captada isoladamente, com destaque para seu corpo (fig. 124).

Figura 124. *Sesc, 41 anos* 1987, s.p.

O TENISESC "Alcides Procópio" foi inaugurado em 1978. Tem seis quadras, uma quadra de "squash", dois paredões, um salão social com lanchonete, três quiosques com mesas e bancos, um estacionamento para 35 carros. Está situado na rua Lopes Neto, 89.

No ano de 1979 os totais de atendimentos foram os seguintes: tênis, 22.762; "squash", 2.325; treinos e competições de tênis, 17.635; treinos e competições de "squash", 1.939. Total geral: 85.092, incluindo-se os 40.431 lanches e merendas servidos.

É novamente no contraste com a representação do gênero masculino que melhor se pode entender o alcance de certas permanências. Na representação fotográfica da prática do judô, que só aparece nos livros comemorativos, o tratamento formal recorrente apela para a cadência e a similitude de formas. Comparando a figura 120, tomada de uma aula de balé, e a figura 125, tomada de uma aula de judô, percebe-se claramente a manutenção de certos estereótipos acerca dos gêneros feminino e masculino que remontam ao século XIX. As duas fotografias apresentam ressonâncias formais e um arranjo baseado na cadência dos movimentos repetitivos, que dirigem o olhar do primeiro ao último plano. No entanto, a figuração na aula de balé tem como elemento catalisador o espelho, fundamental para alcançar um dos objetivos da dança clássica, a perfeição do movimento expresso em leveza e graça – atributos associados também ao que se espera do movimento do corpo da mulher, como era indicado nas revistas femininas dos anos 1920.

Na tomada da aula de judô, o elemento catalisador da figuração é o enfrentamento, em atitude de força e ação, formalmente representada pelas angulações dos gestos dos braços e das pernas apontados para o "adversário" de luta. A postura angular das pernas, os punhos cerrados ou as mãos abertas com dedos fechados dos jovens retratados contrastam com o gesto oval dos braços em arco e as mãos articuladas em desenho aberto, sem rigidez (embora mobilizadas), das mulheres retratadas no balé. Características que ao longo do século XX permanecem como distintivas da imagem corporal projetada para distinguir os gêneros. Se o lugar da mulher na sociedade alterou-se significativamente de meados dos anos 1950 para o final do século XX, o discurso visual, no entanto, mantém e reforça algumas permanências.

Figura 125. *Sesc 41 anos*, 1987, s.p.

Nas atividades esportivas registradas nos livros comemorativos, crianças e jovens em uniforme garantem uma aparência igualitária que dificulta distinções de classe. A distinção de raças, não. E, nesse sentido, a produção fotográfica e sua posterior edição procura apresentar o Sesc como espaço desprovido de discriminação racial. A estratégia para tal são os retratos de jovens brancos, afrodescendentes e com acentos indígenas que figuram lado a lado, sugerindo a superação do preconceito ou afirmando que na instituição mostrada essa superação é possível.

Figura 126. *Sesc Senac*, 1980, p. 49

A estratégia visual de apresentar as diferenças raciais em atitudes fraternas aparece em algumas poucas fotografias de crianças nos periódicos da década de 1950 (fig. 128), consonante com um movimento que começa a tomar corpo no universo fotográfico. A produção visual com o objetivo de firmar um discurso não racista tem suas raízes formais nos ensaios fotojornalísticos que caracterizaram a chamada fotografia humanista, estilo que retorna, a partir dos anos 1950, aos temas figurados e do cotidiano após a fase de experimentação abstrata que marcou as vanguardas nos anos 1920. A fotografia humanista surge no contexto de emancipação do fotojornalismo, graças ao estabelecimento das agências de imagens e notícias e à maior regulamentação dos direitos dos fotógrafos. Há um desejo de engajamento político nessa linha de produção fotográfica, reforçado nos anos 1960 pelos acontecimentos mundiais que envolveram as rebeliões estudantis na Europa e a guerra do Vietnã.[100]

Figura 127. *Sesc, 41 anos*, 1987, s.p.

Figura 128. *Revista do Comerciário*, jan 1959, contracapa

100. A exposição *The family of man*, organizada por Edward Steichen em 1955 para o Museum of Modern Art de Nova York, consagra o gênero fotografia humanista. Vide nota complementar ao final do livro, na página 257.

Essa escola do fazer fotográfico formou não só fotojornalistas mas também profissionais para o mercado publicitário. Recursos e temáticas da fotografia humanista migraram para as campanhas publicitárias, gerando não mais a crítica e sim uma versão estereotipada de temas sociais candentes, entre os quais o preconceito racial.

A crítica interna a esse processo, que não deixou de alcançar sucesso publicitário, aparece na produção de Oliviero Toscani, fotógrafo italiano de Milão que, ao assumir o comando das campanhas da Benetton em 1982, consagrou o *slogan* "United Colors of Benetton". Toscani inaugura o que chamou de "publicidade social", adotando a irreverência ao tratar temas polêmicos como o racismo e muitos outros, a exemplo do amor homossexual e da aids. Para a imagem fraterna de branco e negro juntos ele sugere o anjo e o diabo,[101] dialogando criticamente com o estereótipo romântico de superação do preconceito racial veiculado pelos retratos desse gênero.

É a partir da mobilização desse repertório visual, oriundo tanto do fotojornalismo quanto da publicidade, que se pode entender como legítimo e em consonância com o seu tempo o discurso visual empreendido na produção dos livros comemorativos do Sesc.

Outra prática esportiva cuja expressão fotográfica só se encontra presente nos livros comemorativos é a natação. No caso, trata-se menos da representação da prática e mais do seu equipamento essencial, a piscina, vetor importante que extrapola o âmbito esportivo para alcançar destaque como lugar de lazer.

A recorrência de imagens nos livros comemorativos em que a piscina figura como elemento central equivale à presença expressiva de matérias relativas à Colônia de Férias Ruy Fonseca nas revistas periódicas, ambas associadas à área de atuação *lazer*. Foram essas evidências fotográficas que suscitaram as reflexões sobre as imagens da recreação e do lazer. Elas também têm na representação do corpo o suporte para a construção de sentidos.

Recreação e sociabilidade: a Colônia de Férias Ruy Fonseca

A Colônia de Férias Ruy Fonseca foi inaugurada em 1948. A partir de 1949, notícias das atividades desenvolvidas na colônia passam a ser reportadas com regularidade na revista *Sesc em Marcha* e, a partir de

---

101. Cf. inúmeras imagens nesse padrão em Jonathan Mantle, *Benetton, a família, a empresa e a marca*, São Paulo: Nobel, 2000, e em Oliviero Toscani, *A publicidade é um cadáver que nos sorri*, Rio de Janeiro: Ediouro, 1996.

1956, na *Revista do Comerciário*. Nas matérias ilustradas, bem como nos relatórios de atividades, percebe-se um esforço para divulgar e criar familiaridade com esse tipo de lazer. A exposição de fotografias, organizada na Galeria Prestes Maia por ocasião de seu primeiro aniversário (ver o capítulo 2), tinha como claro objetivo, explicitado no relatório de atividades desse ano, a divulgação da colônia entre os comerciários.[102] O esforço de divulgação tem sua explicação. As colônias de férias tinham pouca tradição no Brasil e a do Sesc foi das primeiras no gênero voltadas para o público adulto.[103] As primeiras colônias surgidas no país estavam vocacionadas para o tratamento de saúde ou para receber crianças. O ideário higienista e as preocupações com a erradicação da tuberculose configuraram o contexto para a criação de instituições dedicadas ao bem-estar físico. O estado de São Paulo foi pioneiro na criação de colônias de férias para crianças, com objetivos eugênicos e educativos. O Departamento de Educação Física do estado construiu colônias no litoral e no interior. Na década de 1940 já se tratava das colônias de repouso para os trabalhadores, estando eles amparados por legislação que garantia períodos de férias e, portanto, de descanso e restabelecimento saudável do corpo pelo contato com a natureza.[104]

Também no caso da colônia de férias, era um produto só possível de ser pensado no quadro de uma cultura de massas. As colônias nasceram vinculadas a dois fenômenos de massas – o turismo e a organização dos direitos do trabalhador. Na Europa, após a Primeira Guerra Mundial, foram tomadas inúmeras medidas de regulamentação das atividades turísticas, de um lado, e relativas aos direitos dos trabalhadores ao lazer e ao turismo, de outro, como as férias remuneradas. Ao longo da década de 1930, sob os governos totalitários de Mussolini e Hitler, desenvolveram-se programas de turismo em massa na Itália e na Alemanha, que incluíam a instalação de colônias de férias. A França, por sua vez, foi pioneira na regulamentação do ramo hoteleiro, com a criação de uma Câmara de Hotelaria, e seu governo também procedeu à regulamentação das férias pagas na década de 1930.[105] No Brasil, no governo de Getúlio Vargas, foram criadas leis definindo a jornada de trabalho de oito horas e as férias remuneradas. No estado de São Paulo, como já foi visto, as iniciativas em favor do lazer do trabalhador fizeram parte das prerrogativas higienistas relacionadas com a saúde pública, que aconteceram no âmbito do Departamento de Educação Física.

102. O *Relatório de atividades* para o ano de 1949 reporta que a exposição, inaugurada no dia 6 de setembro, ficou aberta durante 21 dias, período no qual contou com a presença diária de um orientador social. A exposição recebeu 20 mil visitantes, dos quais pouco mais de 6 mil deixaram suas impressões grafadas no livro de assinaturas. *Relatório de atividades* de 1949, p. 62.

103. A primeira colônia de férias para adultos foi criada pela Associação dos Funcionários Públicos, no Guarujá, em 1934. Cf. André Dalben, *Educação do corpo e vida ao ar livre: natureza e educação física em São Paulo (1930-1945)*, Campinas, Faculdade de Educação Física/Unicamp, 2009, p. 73.

104. André Dalben, em sua dissertação de mestrado *Educação do corpo e vida ao ar livre: natureza e educação física em São Paulo (1930-1945)*, Campinas, Faculdade de Educação Física/Unicamp, 2009, recupera a trajetória desse tipo de instituição. Vide nota complementar ao final do livro, na página 257.

105. Na Itália, as iniciativas foram geradas em torno do Opera Nazionale Dopolavoro, programa de lazer e turismo para os trabalhadores; na Alemanha, o modelo italiano foi seguido com a criação do Kraft durch Freunde. Vide nota complementar ao final do livro, na página 258.

Embora as colônias de férias integrassem uma realidade associada às conquistas dos trabalhadores, é possível que, do ponto de vista cultural, a prática de recreação "coletiva" em colônias enfrentasse certo preconceito dos comerciários. O termo *colônia* vinha associado à ideia de colônia penal ou de sanatórios. E o lazer coletivo associado à condição profissional não fazia parte (ainda) da cultura brasileira. Fotografias e testemunhos de comerciários que passaram férias em Bertioga são as principais estratégias adotadas pelo Serviço de Divulgação, por meio da *Revista do Comerciário*, para consolidar essa prática. São publicadas desde cartas de comerciários comentando suas férias até visitas dos repórteres que rendiam páginas fartamente ilustradas com aspectos da colônia em Bertioga, passando por registros fotográficos dos redatores feitos nas colônias por ocasião de sua visita aos estabelecimentos comerciais (fig. 131).

No primeiro número de *Sesc em Marcha* (novembro de 1949), a colônia de férias ocupa uma página inteira com impressões de comerciários que ali passaram férias, a crônica "A praia dos poetas", de autoria de Afonso Schmidt,[106] e duas fotografias, uma das quais de Francisco de Albuquerque, ganhadora do concurso de fotografias (fig. 129).

A Bertioga construída pelas fotografias e pela crônica é bucólica e exótica, tem a natureza, especialmente a praia, por elemento central e se apresenta como lugar de repouso. Imagem que resistiu ao tempo, pois o primeiro número da *Revista do Comerciário*, de janeiro de 1956, estampa página inteira dedicada à colônia de férias e apresenta duas fotografias que guardam as mesmas características das publicadas sete anos antes, em *Sesc em Marcha*: as palmeiras caracterizando a natureza, o comerciário na rede, no desfrute de seu descanso, e uma fotografia da capela que nesse caso representa o bucólico cujo equivalente fora a crônica de Afonso Schmidt (fig. 130).

É possível que tenham sido fotografias como essas que a repórter da *Revista do Comerciário* apresenta às comerciárias da loja Galeria Paulista de Modas (situada então na Rua Direita, 470). A preocupação com ações desse tipo, divulgadas posteriormente, indica que a orientação básica constante do primeiro relatório institucional ainda vigorava: era preciso realizar um trabalho "corpo a corpo" de divulgação do que o Sesc poderia representar para o lazer dos trabalhadores do setor terciário.

106. Afonso Schmidt (1894-1964) nasceu em Cubatão, foi jornalista, escritor e dramaturgo, redator dos jornais santistas *A Tribuna*, *Folha da Noite* e *Diário de Santos*. Vide nota complementar ao final do livro, na página 258.

Figura 129. Encanto Palmeirense, de Francisco Afonso Albuquerque, fotografia vencedora do Grande Prêmio, em Bertioga. *Sesc em Marcha*, nov 1949, p. 6

Figura 130. Capela na Colônia de Férias Ruy Fonseca, em Bertioga. *Revista do Comerciário*, jan 1956, p. 6

Figura 131. Repórteres apresentam fotos da Colônia de Férias Ruy Fonseca a um grupo de comerciárias. *Revista do Comerciário*, jan 1956, p. 3

Se a imagem bucólica e exótica, calcada na natureza representada pelas palmeiras, convidava ao descanso, outra imagem concorria para construir a ideia de conforto material. No número especial dedicado aos dez anos de existência do Sesc, a *Revista do Comerciário* publica extensa matéria sobre a colônia de férias. Em quatro páginas, textos e fotografias promovem a cobertura em moldes jornalísticos. A abertura da matéria não evoca mais a imagem bucólica, mas ressalta a estrutura organizada para receber o comerciário: "A colônia é uma verdadeira cidade em miniatura, funcionando com a mais perfeita precisão. Dificilmente as palavras podem retratá-la".[107]

Doze fotografias distribuídas em página dupla definem visualmente a "cidade em miniatura". A narrativa justapõe fotografias no formato quadrado, valendo-se de esquemas gráfico-visuais recorrentes na mídia impressa daquele momento – as revistas ilustradas e as fotonovelas. As legendas restringem-se a uma única frase identificando cada uma das doze atividades que é possível realizar em um dia de férias, apresentando-as de forma encadeada (fig. 132).

107. *Revista do Comerciário*, ano I, nº 7, ago.-set., 1956, p. 17.

Figura 132. *Revista do Comerciário*, ago-set 1956, pp. 18-19

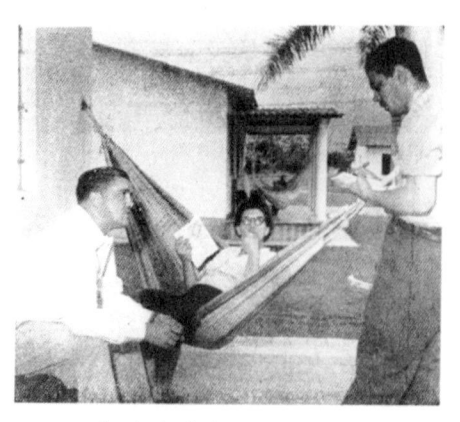

a. uma boa leitura ajuda o descanço...

Há também repouso espiritual.

...rianças adoram água, salgada ou não...

ou um parque infantil completo...

Bate-papo no salão de festas...

Isto é só para adultos...

A "cidade em miniatura" sugerida por essa narrativa visual revela-se no conforto das instalações. As atividades na praia, registradas em fotografias com maior incidência de altas luzes, em planos mais abertos, criam um contraste com as atividades desenvolvidas nos espaços fechados da colônia, registradas em planos fechados e com baixas luzes – o salão em que acontece o baile, os jogos, a leitura, a varanda para o descanso na rede. A natureza pode ser desfrutada, assim, sem se abrir mão do conforto material ao qual o comerciário está acostumado na cidade e nos seus ambientes cotidianos. Vale lembrar a semelhança de composição das imagens que registram as atividades nos espaços fechados com as dos grêmios e associações vinculados às empresas (cf. capítulo 3). Extraídas de seu contexto, fotografias como as do jogo de bilhar, da dança ou das comerciárias em torno de uma mesa de leitura poderiam ter sido feitas em qualquer espaço fechado de uma edificação urbana.

Outro fator que remete à cidade é a própria ideia do espaço urbano como espaço que promove encontros e trocas, ou seja, a socialização, tema que perpassa praticamente toda a produção fotográfica que conforma o recorte desta pesquisa. Não há nenhuma fotografia em que apareça um comerciário sozinho: ele está sempre em atitude de socialização. O lazer é descanso, mas, sobretudo, socialização, que só se pode alcançar por meio de atividades programadas.

A única referência à infraestrutura é o retrato do cozinheiro (tipicamente caracterizado), que indica prerrogativa também das práticas urbanas – alimentar-se sem ter de preparar a própria refeição. "Comer fora" integra uma das principais práticas de lazer desenvolvidas na cultura urbana moderna.

Por ocasião do aniversário de dez anos da colônia de férias, a *Revista do Comerciário* lhe dedica dez páginas ilustradas. Algumas fotografias são reutilizadas de edições passadas (como a das casas ou a do parque infantil). A narrativa tem início com aéreas e panorâmicas da praia e do terreno no começo das construções, o texto se distribui entre as fotografias, em arranjo quadricular (fig. 133, 134 e 135). Na evolução da narrativa visual, arranjos com planos cada vez mais fechados coincidem com o adensamento de edificações e pessoas, chegando ao seu ápice na página com 24 fotografias justapostas na mesma organização visual apresentada na edição de 1956. Nesse ponto, são descritos visualmente os serviços assistenciais e de manutenção. Trata-se da única página dupla que dispensa legendas, além do título genérico. O trabalho é autoexplicativo, como é sugerido (fig. 136).

Os textos das páginas seguintes enumeram as dependências e destinações das atividades (fig. 137). Todas voltadas para a socialização, para que não restem dúvidas dos seus objetivos – a formação de novas amizades, o que será plenamente alcançado se o comerciário seguir o conselho da matéria: "Procure desde os primeiros dias mostrar-se amável, alegre e comunicativo". Desse modo se formará "a grande e unida família de comerciários". Jogos na praia (vôlei), jogos em espaços fechados (bilhar e pingue-pongue), teatro, dança são sempre registrados como atividades de grupo e até a leitura silenciosa, prática individual por natureza, recebe o mesmo tratamento.

A imagem de férias que a edição das fotografias promove deixa claro que a noção de descanso não representa corpos em repouso, salvo em momentos específicos, mas ainda assim em conversação. A paisagem litorânea, da qual a palmeira é a grande vedete, funciona como a moldura diferenciada (a noção higienista de repouso para a saúde do trabalhador recomenda mudança espacial) do principal foco da programação voltada para as férias em colônias: atividades que promovam a troca social.

Nesse momento, as atividades são denominadas *de recreação*. O esporte nesse contexto, por exemplo, é referido como recreação que garante "higiene física e mental".

O termo "lazer" não se manifesta textualmente nessas matérias, mas é lícito afirmar que as imagens construídas ao longo da série *Revistas periódicas* fornecem o substrato para aquilo que fundamentará a sua formulação como um campo estruturado de saber anos depois – o contraste *trabalho* e *não trabalho*. Esse contraste se expressa nas inúmeras reportagens ilustradas com comerciários em escritórios ou lojas, ou no polo *não trabalho*, na biblioteca, nas atividades organizadas pelos grêmios das empresas ou pela associação amigos do Sesc. O aperfeiçoamento cultural, tratado no capítulo anterior a partir de núcleos de fotografias relativas ao teatro amador, recreação infantil, cursos e espaços para leitura, alinha-se com outro eixo constitutivo da noção de lazer: a *livre escolha*. O tempo do *não trabalho* é mobilizado pelo trabalhador a partir de suas escolhas dentre as opções oferecidas pelo Sesc.

A visão retrospectiva característica de toda pesquisa histórica permite, nesse caso, identificar o potencial da fotografia para fornecer a malha que vai configurar a imagem visual do lazer antes mesmo de sua formulação conceitual mais completa no contexto brasileiro.[108]

108. As reflexões e pesquisas em torno do lazer têm como principal referência teórica o sociólogo Joffre Dumazedier. Vide nota complementar ao final do livro, na página 258.

*Onde era
selva virgem*

*foi nascendo
aos poucos*

Figura 133. *Revista do Comerciário*, out 1958, s.p.

Colônia de Férias
"Ruy Fonseca"

inaugurada a 30 de outubro de 1948

161

Além de 30 casas, a Colônia possue quatro modernos Pavilhões residenciais:

Pavilhão SESC, com 24 quartos.

Pavilhão CLIPPER, com oito quartos.

Pavilhão dos CONTABILISTAS, com 24 quartos tipo apartamento.

Pavilhão da ADMINISTRAÇÃO.

CAPELA, ornamentada por Paim, tendo como padroeira Nossa Senhora dos Prazeres.

Figura 134. *Revista do Comerciário*, out 1958, s.p.

Magníficos campos esportivos: futebol, bola ao cesto, vôley, tenis, boccia, oferecendo ao caravanista esporte como recreação e oportunidade de higiene mental e física.

Figura 135. *Revista do Comerciário*, out 1958, s.p.

As crianças não foram esquecidas; excelente "play-ground" e uma piscina oferecem aos petizes amplas possibilidades de recreação sadia.

Figura 136. *Revista do Comerciário*, out 1958, s.p.

SERVIÇOS ASSISTENCIAIS

MANUTENÇÃO (Texto na pág. seguinte)

Figura 137. *Sesc Santos*, 1989, s.p.

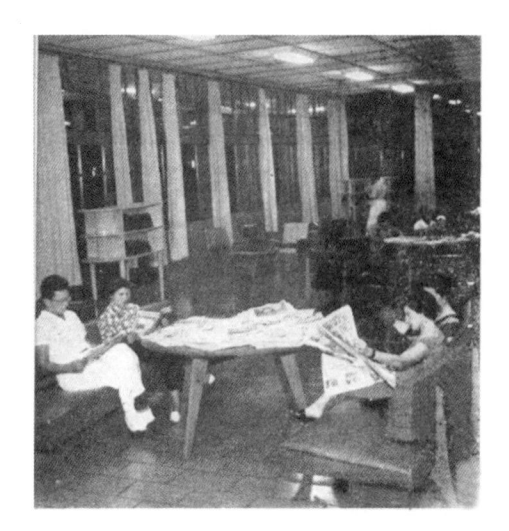

O Pavilhão Social, amplo e moderno, dividido em três corpos, ocupa posição central na Colônia.

O salão do meio foi construido especialmente para bailes, brincadeiras, comemorações, possuindo ainda um bem montado bar com sorveteria, discoteca e rádio-vitrola.

A ala esquerda possui uma sala de snooker e bilhar e um salão para recreação infantil.

A ala direita possui dois salões: um para biblioteca e outro para ping-pong.

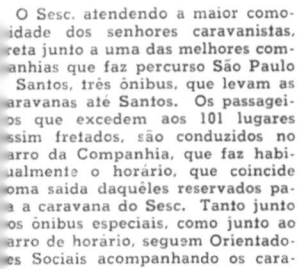

O Sesc, atendendo a maior comodidade dos senhores caravanistas, freta junto a uma das melhores companhias que faz percurso São Paulo — Santos, três ônibus, que levam as caravanas até Santos. Os passageiros que excedem aos 101 lugares assim fretados, são conduzidos no carro da Companhia, que faz habitualmente o horário, que coincide como saida daquêles reservados para a caravana do Sesc. Tanto junto aos ônibus especiais, como junto ao carro de horário, seguem Orientadores Sociais acompanhando os caravanistas.

De Santos, a ligação com Bertioga é feita por barcas da Cia. Santense.

A vida em Bertioga é propícia à formação de novas amizades. Sua vida social é intensa. Procure desde os primeiros dias mostrar-se amável, alegre e comunicativo.

Não se isole, pois os caravanistas que vão à Colônia formam aí uma grande e unida família onde predomina o espírito de sã esportividade e inconteste amor fraternal.

Piscinas: as vedetes dos domingos ensolarados

No depoimento prestado à antropóloga Yara Schreiber Dines a respeito da inauguração do Centro Cultural e Desportivo Carlos de Souza Nazareth em 1967 (Sesc Consolação), Erivelto Busto Garcia, sociólogo e ex-assessor técnico de planejamento da instituição, resume de forma muito perspicaz a diferença do trabalho que realizava nas Unimos[109] em relação ao desafio que representava o novo Centro Cultural:

> Quando o Vila Nova é inaugurado, esses espaços virtuais [as Unimos] com os quais todos nós estávamos habituados a lidar [...] nós deixamos de lado [...] porque tínhamos agora o nosso espaço. Esse espaço era um complexo grande, quatro ginásios de esportes, uma enorme piscina aquecida, um teatro profissional, clínicas odontológicas, salas de aula para cursos, um monte de coisas. E no começo não se sabia o que fazer com aquilo. Esse era o problema. Tanto que houve mudanças sucessivas de gerentes lá, de equipes [...], "precisa encher!". Claro que precisa encher, mas como é que se faz isso? A gente sabia como encher a praça, mas não sabia como encher o prédio. Era uma relação diferente, que o Sesc ainda não tinha. Nós estávamos acostumados com essa ideia de processo amplo comunitário e estávamos a partir daí começando a passar para uma ideia de produto mais que de processo. O que nós vamos oferecer? O que nós temos para mostrar? O que nós temos para apresentar às pessoas?[110]

A diferença entre *processo* e *produto* é fundamental para entender como o Sesc respondeu às demandas por lazer urbano para a classe comerciária. O Sesc Vila Nova inaugurou outro momento da trajetória do Sesc, marcada pelo investimento nos equipamentos urbanos que garantem a realização de vasto programa de atividades culturais e esportivas. Nos livros comemorativos é dispensada atenção especial à arquitetura e ao conjunto de equipamentos dos centros sociais. Esses são os "produtos" que, em fins da década de 1970, já se sabe como oferecer e bem apresentar, graças à visualidade fotográfica. Como se observou, as instalações materiais são o foco dos livros aqui analisados – as quadras de esporte, as áreas de convivência e a própria arquitetura das unidades são exploradas em muitos ângulos. Porém, dentre os espaços,

109. As Unimos – Unidades Móveis de Orientação Social – surgiram no início dos anos 1960. Vide nota complementar ao final do livro, na página 259.

110. Depoimento de Erivelto Busto Garcia transcrito e publicado em Yara Schreiber Dines, *op. cit.*, p. 174.

equipamentos e instalações, a piscina figura com primazia. Ela aparece em 10% do total de fotografias que compõem a série *Livros comemorativos*, na sua grande maioria, sendo desfrutada por crianças. As imagens de adultos, incluindo atletas, são a minoria.

A piscina é, sem dúvida, um dado novo e que não fazia parte dos centros sociais antigos, instalados, na sua maioria, em casas adaptadas. E não fazia parte, tampouco, das práticas de recreação urbana da população paulistana. Até meados do século XX, ela aparece nos relatos sobre clubes e escolas que mantinham aulas de natação e nas referências às piscinas públicas (a primeira em São Paulo foi a que compõe o complexo de esportes do Estádio do Pacaembu, inaugurada em 1942), mas não associada ao ócio ou recreação.

Não existem ainda, no Brasil, estudos de caráter antropológico ou sociológico que tratem especificamente da piscina como item de consumo para o tempo livre ou de seu valor distintivo, mas é possível elencar alguns indícios que concorreram para ela se tornar um "sonho de consumo". Certamente, o hábito de passar férias, feriados e finais de semana no litoral, consolidado ao longo do século XX, concorreu para a valorização indireta da piscina.

A prática de banhar-se com o objetivo de promover o bem-estar físico remonta ao final do século XVII e popularizou-se de modo crescente no século XIX.[111] E é, mais uma vez, no quadro das práticas burguesas que as visitas ao litoral e os banhos de mar se consolidam como um bem de consumo para poucos. Creio ser possível estender essa relação com o mar ao seu substituto urbano, a piscina. Nos clubes das elites, as piscinas figuram inicialmente como espaços para a prática esportiva, mas pouco a pouco tornam-se também lugares sociais.

O cinema pode ser citado como um dos responsáveis por disseminar para as massas a imagem da piscina como lugar de prazer e *status*:[112] tomar sol na beira da piscina firmou-se como um jargão de boa vida. Na cinematografia americana dos anos 1950 são vários os exemplos em que a piscina aparece como índice de luxo. Um dos resultados dessa presença da piscina no imaginário social pode ser aferido pela popularidade do Hotel Beverly Hills, em Los Angeles, o lugar preferido das estrelas de cinema nas décadas de 1950 e 1960, e faz disso sua propaganda nos dias atuais. A piscina era e é o ponto de encontro dos famosos. Além desse exemplo notório, é fato que piscinas sempre

111. Sobre o assunto, ver o clássico estudo de Alain Corbin, *O território do vazio, a praia no imaginário ocidental*, São Paulo: Companhia das Letras, 1989.

112. Adhemar Gonzaga, cineasta e jornalista brasileiro, um dos fundadores da Cinédia, a principal empresa cinematográfica brasileira nos anos 1930, dirigiu em 1929 seu primeiro filme, chamado *Barro humano* (p&b, mudo). Vide nota complementar ao final do livro, na página 259.

Figura 138. *Sesc Santos*, p. 30

figuraram na propaganda dos hotéis. E a representação visual que as refere nesse circuito não fica distante, por outro lado, da propaganda de construtoras e imobiliárias, que não deixam dúvidas sobre o papel da piscina como elemento de valorização dos imóveis. Nos últimos anos, ela virou item obrigatório nos condomínios residenciais direcionados para todas as faixas econômicas que podem ser identificadas genericamente como classe média.

Nas imagens do Sesc a piscina aparece em dois extremos de composição – ora como elemento estético de valorização da arquitetura, ora como espaço densamente ocupado.

Figura 139. *Sesc Senac*, 1980, p. 60

Figura 140. *Sesc 41 anos*, 1987, s.p.

A figura 141 é uma das poucas em que os corpos junto à piscina aparecem em postura desmobilizada e em que se identifica o *movimento gestual*, ou seja, uma atitude predisposta à conversação. Mantém-se a mesma tônica dos conselhos dados aos comerciários frequentadores da Colônia de Férias Ruy Fonseca para garantir a comunicação, sobretudo nos momentos de ócio.

Como já apontado, a presença de crianças nas imagens da série *Livros comemorativos* é expressiva. No caso em que aparecem na piscina, elas figuram sorridentes em movimentos mobilizados, que ressaltam a interação com a água em composições que chegam a redundar, como se pode observar nas duas imagens formalmente muito semelhantes que ilustram publicações institucionais distintas.

Figura 141. *Sesc Senac*, 1990, p. 11

Figura 142. *Sesc 41 anos*, 1987, s.p.

Figura 143. *Sesc Senac*, 1980, p. 19

Se a piscina está presente no imaginário popular associada a prazer e ócio, privilégio apetitoso para o tempo livre, também se mostrou escassa na realidade urbana paulistana para a grande maioria. A oferta de espaços públicos com piscina em uma cidade como São Paulo, de verões rigorosos, sempre ficou aquém das demandas. O Sesc figura como exceção ao prover, desde o Centro Social Carlos de Sousa Nazareth, praticamente todas as suas unidades com esse equipamento. A representação fotográfica nos livros institucionais do Sesc guarda as características formais das imagens de piscinas presentes no cinema e nas propagandas e estabelece, por essa via, a empatia necessária à valorização positiva das realizações institucionais. A diferença fundamental dessas imagens de piscinas em relação àquelas veiculadas no cinema e nas propagandas é o referente concreto. De fato, as unidades Sesc podem oferecer, para uma ampla parcela da população urbana paulista, acesso a esse sonho de consumo.

Comemorações e civilidade

As festividades são os espaços sociais em que o Sesc se faz presente de duas maneiras – literalmente, por meio de seus representantes legais, membros da diretoria ou da presidência, ou indiretamente, como responsável ou patrocinador dos eventos, tais como os célebres natais do filho do comerciário ou as festas juninas. Nesses casos, as legendas encarregam-se de explicitar a iniciativa institucional.

As reportagens sobre os eventos contam com uma edição visual recorrente. A principal imagem da matéria é o registro das autoridades, que podia ou não vir acompanhada de outras. O cenário é também recorrente – a mesa cerimonial, adornada com arranjos florais. Ao fundo, delimitando o espaço fotográfico, bandeiras. A legenda identifica as autoridades e narra o momento do clique, geralmente o cumprimento formal ou a entrega de objetos (flores, faixas, troféus).

Essas cerimônias públicas eram e ainda são reguladas por protocolos: quem senta ao lado de quem, quem fala primeiro, quem encerra o cerimonial, quem estende a mão em primeiro lugar etc. Ou seja, nada é para ser espontâneo (exceto as emoções) ou foge da ordem protocolar estabelecida. Da mesma forma, nada no cenário que a sustenta é gratuito. As cerimônias são altamente codificadas, daí a necessidade, muitas vezes, do ensaio, para garantir que a correspondência com o prescrito tenha mensagem clara e inequívoca. A eficiência dessas cerimônias de caráter público depende, em grande parte, do domínio dos elementos oriundos do universo simbólico.

É nesse universo simbólico que o Sesc procura firmar sua identidade e revestir sua filosofia de atuação de um sentido cívico e patriótico. Um elemento cenográfico que figura nas primeiras cerimônias reportadas pelo *Sesc em Marcha* e nos primeiros números da *Revista do Comerciário* para gradativamente desaparecer, dando lugar a outro elemento de teor semelhante, é a bandeira nacional. Sua presença é intrigante, considerando não se tratar de evento de caráter cívico. As inaugurações de centros sociais ou a entrega de diplomas na festa de formatura das turmas de corte e costura certamente não gozam desse estatuto. O que a bandeira nacional sinalizava, então?

A resposta exige recuperar a fotografia que marca, simbolicamente, o nascimento do Sesc, Sesi e Senai: o momento de leitura da Carta da Paz Social na Conferência das Classes Produtoras, ocorrido em Teresópolis, em maio de 1945 (ainda sob o governo ditatorial de Getúlio Vargas, portanto). A mesa cerimonial guarda todos os elementos simbólicos recorrentes nas demais cerimônias reportadas nas revistas periódicas, incluindo a bandeira nacional. Mais dez bandeiras dispostas lado a lado decoram o fundo da mesa de cerimônias e definem o contraplano das autoridades. Não se tratava, novamente, de evento de caráter nacional ou cívico; a série de bandeiras tem o claro propósito de comunicar, do ponto de vista simbólico, o teor patriótico da iniciativa, reverberando em imagens o sentido da carta redigida pelos empresários das indústrias e do setor terciário.

A figuração da bandeira nacional nos eventos promovidos pelo Sesc cauciona, simbolicamente, suas ações. Pode-se dizer que a bandeira nacional funcionava como um signo a lembrar do lugar de poder da instituição. A referência patriótica legitima, portanto, sua filosofia de ação. Vale lembrar que nas décadas de 1930 e 1940, sob a onda de governos totalitários, os símbolos nacionais gozavam de ampla visibilidade, integrando um repertório visual cuja familiarização tinha início ainda na infância, no ambiente escolar.

Figura 144. Assinatura da Carta da Paz Social, na cidade de Teresópolis, em maio de 1945. *Sesc: uma ideia original*, 1997, p. 22

Reunidos em Teresópolis, em maio de 1945, ainda durante o período de Vargas, os empresários brasileiros da indústria, do comércio e da agricultura buscavam caminhos para o País. A Conferência das Classes Produtoras lança a Carta da Paz Social, objetivando conciliar o crescimento econômico com a justiça social, com vistas a garantir uma sociedade democrática e a harmonia entre capital e trabalho.

Figura 145. Cerimônia de inauguração do Centro Social do Sesc em Araraquara. *Sesc em Marcha*, dez 1949, p. 12

179

Figura 146.
Inauguração do
Centro Social Décio
Ferraz Novaes, em
Piracicaba. *Sesc em
Marcha*, mai-jun
1950, p. 1

Figura 147.
Inauguração do Clube
Amigos do Sesc-
Senac, na Avenida
Ipiranga, 1967, em
São Paulo. *Sesc em
Marcha*, jul 1950, p. 1

A bandeira nacional deixa de configurar a decoração das mesas cerimoniais nos eventos do Sesc a partir de 1958. Em seu lugar, com a mesma disposição, passa a figurar o símbolo do Sesc, na forma de bandeira ou estandarte. É possível especular que, passados doze anos de seu surgimento, o Sesc já teria constituído identidade própria que dispensava a aproximação com símbolos nacionais?

Figura 148. Cerimônia de entrega de prêmios e troféus aos vencedores dos campeonatos esportivos e diplomas aos formandos dos cursos populares do Sesc. *Revista do Comerciário*, nov-dez 1958, p. 5

Figura 149. Inauguração das instalações do Restaurante Alcântara Machado, do Sesc. *Revista do Comerciário*, nov-dez 1959.

O uso da bandeira do Brasil serviu, também, para propagar o sindicalismo como legítimo e "parte" das prerrogativas nacionais. A reportagem da *Revista do Comerciário* de agosto de 1957, sobre a posse da diretoria da Federação dos Empregados do Comércio do Estado de São Paulo, divulga o retrato das autoridades em composição que alinha ao centro o personagem principal entre a bandeira nacional ao fundo e o arranjo floral em primeiro plano. O título da seção – "sindicalismo" – aparece por sobre o retrato, na área de exposição da bandeira, graças à diagramação adotada. É inevitável associar ambos, visual e simbolicamente.

Figura 150. Diretoria da Federação dos Empregados no Comércio do Estado de São Paulo. *Revista do Comerciário*, ago 1957, p. 8

Outra estratégia de exibição pública que concorre para marcar o lugar do Sesc no cenário nacional são os desfiles. Na década de 1950, os desfiles por ocasião das comemorações do dia do comerciário e da independência do Brasil também funcionam como dispositivo simbólico de afirmação da classe comerciária e, por conseguinte, valorizam o principal agente desse processo, o Sesc. Os símbolos que sinalizam as identidades – as logomarcas do Sesc ou dos grêmios e clubes de empresas do setor terciário – integram o espetáculo sincronizado dos corpos a representar as noções de ordem e engajamento cívico.

Figura 151. *Revista do Comerciário*, set-out 1957, p. 12

Figura 152. Desfile realizado pelo Centro Infantil do Centro Social Samuel Augusto de Toledo, em São Carlos, em comemoração ao dia 7 de Setembro. *Revista do Comerciário*, out 1959, contracapa

Identidade entre identidades. O final da década de 1940 marca o momento de organização de uma das festividades que melhor aglutinaram ao seu redor formulações identitárias tendo como vetor a cidade de São Paulo. As comemorações do IV Centenário da Cidade de São Paulo mobilizaram diversos setores da sociedade paulistana, constituindo um momento especialmente propício para expressar os devidos lugares de agentes sociais ligados aos universos da indústria, do comércio e da política.

> Indústria e comércio expressavam, na década de 50, a pujança econômica da cidade. Portanto, seria difícil dissociar os setores ligados a esses ramos do interesse direto no sucesso dos eventos comemorativos. Não apenas estarão à frente das divulgações, bem como estarão sempre associados às realizações e direcionados para as festividades, em especial na construção civil, mas também no esforço em fazer das comemorações uma ampla vitrine de divulgação dos produtos e bens de consumo em geral.[113]

Na série *Livros comemorativos*, essa vertente cívica e patriótica não tem lugar. Desaparecem os registros de caráter oficial – inaugurações, aberturas de eventos institucionais e similares –, bem como de seus representantes. Não são mais essas evidências fotográficas que concorrem para expressar a filosofia de atuação institucional. As realizações se encarregam de qualificar positivamente o Sesc. A identidade institucional e a filosofia de atuação que a sustenta dependem da capacidade de disponibilizar produtos e serviços para a população que devem ser verificáveis quantitativamente. Essa maneira objetiva e pragmática de auferir a importância do lugar que o Sesc ocupa na sociedade contemporânea é complementada pela perspectiva teleológica que orienta a representação do passado institucional.

Neste último capítulo procurou-se mapear como as práticas celebrativas, de lazer e esportivas foram representadas na visualidade fotográfica ao longo dos quarenta anos de divulgação impressa da imagem do Sesc e relacionar essas representações a hábitos e valores sociais cultivados no quadro da cultura urbana de São Paulo. O fato de essas práticas figurarem como as de maior recorrência nos registros fotográficos no período analisado por si só já é revelador de que a tríade *corpo*, *trabalho* e *tempo livre* tornou-se um fenômeno capaz de gerar mudanças contundentes na dimensão cotidiana da sociedade.

113. Sílvio Luiz Lofego, *IV Centenário da Cidade de São Paulo. Uma cidade entre o passado e o futuro*, São Paulo: Anablume, 2004, p. 43.

Ao longo das duas séries iconográficas foi possível identificar os valores que garantiram a adesão aos processos disciplinares aplicados ao corpo por via das práticas esportivas, que estão presentes também nas práticas celebrativas, muitas das quais associadas aos esportes; os discursos visuais e textuais que, partindo da noção de corpo saudável, garantiram a formação de novos hábitos, como o lazer coletivo; e, por fim, a consagração do corpo como suporte material de agenciamento do tempo livre.

Conclusão

O que se procurou analisar com esta pesquisa foram as maneiras específicas pelas quais a fotografia foi mobilizada para dar conteúdo visual à expressão do lugar de poder político e social ocupado pela instituição Sesc na sociedade brasileira desde a sua criação. Retomo aqui as questões norteadoras da pesquisa para avaliar em que medida elas puderam ser encaminhadas e quais perspectivas deixam em aberto para futuras investigações.

Do ponto de vista metodológico, a condução da pesquisa sustentou-se sempre no material empírico analisado. Assim, os temas tratados – os diálogos estéticos que alimentaram a produção fotográfica, os modelos na pedagogia do cidadão urbano e o agenciamento do corpo nas novas práticas conceituadas como lazer – partiram das evidências fotográficas, sem deixar de mobilizar fontes contemporâneas de outros circuitos, como a propaganda, o cinema, o ambiente escolar, a imprensa e as artes plásticas. Uma característica desse conjunto fotográfico é o seu aparente aspecto banal. Trata-se de um conjunto fotográfico na sua grande maioria sem autoria explicitada, produzido para atender a uma das funções mais corriqueiras atribuídas à prática fotográfica, a de registro de eventos. Mobilizadas como coadjuvantes das reportagens e dos relatos impressos e desempenhando funções ilustrativas nos livros comemorativos, as fotografias não podem ser classificadas como autorais, ou raras, nem tampouco valorizadas por qualidades estéticas que porventura as indicassem para ocupar legítimo lugar nos museus de arte.

Neste trabalho, no entanto, essas fotografias são tratadas como parte de uma cultura visual[114] mais ampla. Ou seja, para além das possíveis classificações estéticas tendo por referência uma dada história da fotografia, elas são entendidas como práticas de significação.[115] A cultura visual nesse caso é considerada um campo de operação dessas práticas, o que implica analisar não apenas os sentidos atribuídos aos conteúdos visuais das fotografias, mas também o circuito de produção, consumo, difusão, apropriações, pois o olhar dirigido a esse circuito fornece elementos para entender as dinâmicas de poder e os usos e funções no âmbito das experiências visuais cotidianas.

Uma noção que complementa a de cultura visual e está também no horizonte deste trabalho é a de iconosfera.[116] O termo é retomado por Meneses, que o define como

> o conjunto de imagens-guia de um grupo social ou de uma sociedade num dado momento e com o qual ela interage. Não se pode tomar a iconosfera, obviamente, apenas como o elenco de imagens disponíveis (basta atentar para a internet e concluir que tal tarefa seria inviável e de pouca serventia); trata-se, sim, de identificar as imagens de referência, recorrentes, catalisadoras, identitárias – ou aquelas que, em linguagem não técnica, são conhecidas como emblemáticas ou ícones e integram as redes de imagens... [117]

Ainda segundo Meneses, a iconosfera integraria a dimensão visual da sociedade, a qual pode ser tratada segundo três eixos: o visual, o visível e a visão. Esta pesquisa empreende análises que tocam dois desses eixos. O *visual*, ou seja, o que dá suporte material para o circuito acima aludido, pois o visual abarca os sistemas de comunicação visual, as instituições visuais e seus suportes. No caso presente, tratou-se de mobilizar como fontes dois produtos, revistas ilustradas e livros comemorativos ilustrados, que integram um sistema consagrado de comunicação, a mídia impressa ilustrada. Esses produtos resultam de ações de uma instituição, o Sesc, que adotou a visualidade como uma de suas estratégias para a constituição de sua identidade e inserção social.

O outro eixo estruturador da dimensão visual da sociedade, o *visível*, que "representa o domínio do poder e do controle, o ver/ser visto, dar-se/não se dar a ver, os objetos de observação obrigatória assim

---

114. A noção de cultura visual tem sido amplamente discutida – seu alcance como campo de operação do conhecimento, os pressupostos conceituais etc. Vide nota complementar ao final do livro, na página 260.

115. Sobre o entendimento dos produtos visuais como integrantes dos sistemas de representações sociais e a noção de práticas de significação, ver Stuart Hall (ed.), *Representation: cultural representations and signifying practices*, Londres: Sage Publications, 2003.

116. O termo iconosfera advém da semiologia. Vide nota complementar ao final do livro, na página 260.

117. Ulpiano Toledo Bezerra de Meneses, *op. cit.*

como os tabus e segredos, as prescrições culturais e sociais e os critérios normativos de ostensão ou discrição – em suma, de visibilidade e invisibilidade",[118] é tratado nesta pesquisa de acordo com as reportagens fotográficas de indivíduos em ação, ou, melhor dizendo, em *performance*. As reflexões nesse contexto consideram as imagens mediadoras das relações sociais em *situação*, envolvendo, portanto, as noções de pose, instantâneo (a suposta "não pose"), a permissão implícita para ser observado e registrado pela câmera fotográfica nos mais diversos ambientes sociais (espaços de trabalho, lazer, intimidade), a espetacularização das ações cotidianas tornadas notícias etc.

Portanto, é a atenção voltada para os usos, as reincidências de poses e temas – definindo os padrões visuais aqui tratados – que dota esse conjunto fotográfico de valor documental passível de ser mobilizado para o entendimento de mecanismos de formação de identidades profissionais, sociais e de gênero na dimensão visual da sociedade.

As estratégias[119] adotadas pelas revistas periódicas para falar *do* e *para o* comerciário promoveram um amálgama das ações do Sesc com as expectativas imaginadas da classe comerciária. Na década de 1950, a identidade do Sesc quase submergiu diante de uma tarefa maior, que aparece com muita clareza ao percorrer as revistas periódicas – a de constituir a própria identidade do comerciário.

Nesse processo, a fotografia cumpriu funções muito claras ao sintetizar, e dotar de qualidades didáticas, discursos dispersos em miríades de suportes materiais advindos de diferentes circuitos da cultura urbana. A representação do comerciário culto, leitor, condensando valores correntes da emergente classe média aparece nos registros das ações do Sesc em prol da alfabetização e nos registros das atividades "de lazer" dos comerciários nos clubes e associações de classe e agremiações das empresas. Igualmente, concorreram para essa imagem as práticas teatrais, documentadas tendo o comerciário como assistente ou como praticante do teatro amador, em pleno desempenho de seu "aperfeiçoamento cultural". As representações da mulher, por sua vez, além das funções didáticas expressas nos modelos de comportamento, desempenharam outras, que buscavam conciliar as contradições inerentes ao processo de integração da mulher no mercado de trabalho.

Para concluir, duas breves notas relativas a temas importantes que tocam as problemáticas tratadas. No caso das questões levantadas a

118. Idem.

119. O conceito de estratégia é adotado aqui segundo a visão de Michel de Certeau, historiador francês já falecido que se notabilizou por seus estudos dedicados às práticas culturais urbanas. Vide nota complementar ao final do livro, na página 260.

partir da análise da série *Revistas periódicas*, o contexto de modernização cultural pelo qual São Paulo estava passando nos anos 1950, com especial atenção para a sua espacialidade. E, no caso das questões levantadas a partir da análise da série *Livros comemorativos*, as funções da fotografia, para entender as sucessivas apropriações por que passam a serviço da memória.

Identidades e lugares

Do ponto de vista da cultura material, o espaço desempenha papel fundamental, pois viabiliza os eventos e acontecimentos agenciados pelas redes sociais. Os lugares podem ser vistos como agenciadores que promovem distinções e valorações entre seus frequentadores. O lugar é, portanto, uma criação social, pois serve para viabilizar as ações de redes sociais e também como marcador na sociedade – as pessoas podem ser interpretadas a partir de seus lugares (de moradia, de trabalho, de origem, de práticas culturais).[120]

Como já se viu, o centro de São Paulo era, na década de 1950, o palco das atividades comerciárias, representadas pelas lojas de departamentos e por todos os demais novos estabelecimentos de serviços e venda de produtos concentrados no triângulo central e no chamado centro expandido. Era o lugar, também, dos encontros culturais, dos bares, das galerias, dos cinemas.

Essa efervescência foi possibilitada por uma conjunção econômica pautada pelo sucesso da industrialização paulista aliada a políticas de urbanização específicas. Sarah Feldman define bem esse período a partir de um movimento tríplice: a intensificação da verticalização, a expansão para a periferia e uma reestruturação da centralidade. A reestruturação da centralidade guarda uma característica importante para entender os fluxos que garantiram aproximações culturais das elites com as camadas médias emergentes. Nas palavras de Feldman: "Pode-se afirmar que a partir dos anos 1950 o centro tradicional de São Paulo se consolida como centro deselitizado e assume simultaneamente sua feição de centro metropolitano – dois elementos que permanecem até hoje e não se reproduziram em outra parte da cidade".[121]

Do ponto de vista das políticas de urbanização, a estruturação espacial da região central alterou-se com a série de intervenções levadas a

120. Essa noção de lugar é corrente na Geografia Cultural, campo que procura descrever e entender processos de atribuição de valores e sentidos a espaços físicos por agentes sociais. Vide nota complementar ao final do livro, na página 260.

121. Sarah Feldman, "A configuração espacial da metrópole", em Campos, Cândido Malta; Gama, Lúcia Helena; Sachetta, Vladimir, *São Paulo, metrópole em trânsito. Percursos urbanos e culturais*, São Paulo: Editora Senac, 2004, p. 125.

cabo por Prestes Maia, prefeito nomeado por Ademar de Barros, então interventor federal no estado, entre 1938 e 1945. Sua gestão caracterizou-se pela expansão da malha viária, racionalização da administração, com melhoria da arrecadação tributária (melhoria iniciada na gestão de Fábio Prado, 1934-1938), mas com o enfraquecimento dos mecanismos regulatórios das ações privadas (zoneamentos, impostos, taxas).

Prestes Maia promoveu uma modernização urbanística na cidade caracterizada por uma circulação viária desenhada para o automóvel, pela flexibilização facilitadora da especulação imobiliária e nenhuma atenção às demandas coletivas (transporte público, por exemplo). A morfologia da capital se viu alterada, fruto de uma combinação de expansão horizontal e verticalização.[122]

O processo de transferência dos serviços voltados para as elites para outros centros, que caracteriza a cidade de São Paulo a partir da década de 1960, é gradual e ao longo dos anos 1950 se pode ainda identificar uma geografia na região central com ruas dedicadas ao comércio mais popular e outras ao comércio mais elitizado, o ponto de encontro de estudantes, os bares dos intelectuais, jornalistas; enfim, os "lugares" vetores das redes implicadas na formação identitária das camadas médias emergentes.

Em seu livro *Nos bares da vida*, Lúcia Helena Gama propõe uma viagem guiada por personagens que atuaram na vida cultural de São Paulo nos decênios de 1940 e 1950. A região central de São Paulo, abarcando o triângulo próximo à Praça da Sé e posteriormente o centro expandido chegando à região da Vila Buarque, delimita a viagem proposta. Uma de suas questões norteadoras – "quem seriam os sujeitos que, naquele momento, poderiam se sentir plenamente pertencentes à cidade" – colocou em foco sujeitos descendentes de imigrantes, pertencentes às camadas médias e que passaram a ter participação ativa na vida intelectual e cultural da cidade.[123] Essa trajetória de mobilidade social é condizente com o momento de expansão econômica da cidade e consequentes mudanças na sua dinâmica e estrutura social. O centro, transformado em "lugar", é o que propicia os valores necessários para alimentar as expectativas de ascensão social por meio da aquisição de capital cultural e simbólico, e está na base dos modelos de cidadãos cultos veiculados por meio das fotografias nas revistas para os comerciários. O local de trabalho de muitos comerciários é também o

122. Luís Octávio da Silva, "Verticalização, expansionismo e grandes obras viárias: a modernização *limitada*", em Campos, Cândido Malta; Gama, Lúcia Helena; Sachetta, Vladimir, *São Paulo, metrópole em trânsito. Percursos urbanos e culturais*, São Paulo: Editora Senac, 2004, pp. 100-111.

123. Lúcia Helena Gama, *Nos bares da vida*, São Paulo: Senac, 1998, p. 18.

lugar adotado e valorizado para as trocas culturais. O mesmo espaço, portanto, apresenta camadas só possíveis de ser identificadas de uma perspectiva que leva em consideração as atribuições de sentidos e significados aos espaços.

Uma característica reincidente nas falas dos personagens escolhidos por Lúcia Helena Gama para a sua viagem é o sentimento de pertencimento a um grupo. A proximidade com os expoentes da intelectualidade paulistana é comentada com orgulho, os "casos" narrados muitas vezes envolvem a presença de intelectuais já de renome nos anos 1940 e 1950:

> As referências e reverências aos grandes intelectuais e expoentes da vida local são constantes e motivo de certo *status* para os ainda meninos e ingressantes no meio. Deparar com as grossas sobrancelhas de Lobato, ser minimamente conhecido de Mário de Andrade ou trocar palavras com Oswald são passagens muito fortes, motivo de glória e prestígio para quem quer se assenhorear da cidade.[124]

Os "grandes intelectuais" são chamados para caucionar projetos e ideias, a proximidade é tida como reconhecimento. Mas, nesse movimento, a autora identifica também novas dinâmicas, um mercado que se alarga, mais complexo, práticas culturais que ganham as ruas e não mais estão circunscritas aos salões das famílias das elites patrocinadoras das artes. Um movimento que já se caracteriza pelas novas dimensões de metrópole da cidade, com a participação das camadas médias, em um cenário de redemocratização no pós-guerra e no fim do Estado Novo.

Os depoimentos e crônicas que têm esse período da cidade como tema relatam um clima de otimismo. Nunca a cidade havia vivenciado o espaço público a partir da sua dimensão cultural como nesse momento. Logicamente, o movimento era restrito, em termos espaciais e sociais, mas suficientemente amplificado pela produção cultural para figurar entre as referências para os modelos de cidadão aqui discutidos. A produção radiofônica, o teatro amador e popular, a tevê e o cinema sinalizam o investimento dos empresários em uma incipiente indústria da cultura, possivelmente facilitada graças à aproximação entre grupos com riquezas de origens diversas. Nos *lugares* do centro, e também de seus arredores (Vila Buarque, Bexiga), o popular e o erudito se manifestam. Para aqueles que vivenciaram a década, a inter-relação dos setores

---

124. *Idem*, p. 67.

da cultura se explicava, em parte, pelas necessidades técnicas e de profissionais. O trânsito entre sujeitos do teatro, do cinema, da tevê, entre músicos, radialistas, entre literatos, críticos e jornalistas evidenciava um mercado ainda pouco especializado.

Das duas revistas periódicas estudadas, é a *Revista do Comerciário* que melhor detecta esse transbordamento das atividades culturais na cidade. Nas páginas dedicadas ao comerciário são noticiadas a trajetória de um radialista, a inauguração de mais uma bienal, a apresentação de concerto ou de ópera no Teatro Municipal. Diretores de teatro, cantoras, atores e atrizes são entrevistados e colunas especializadas comentam os filmes recém-chegados de Hollywood. Assim como a proximidade física com os expoentes da cultura nos lugares de encontro da região central serve de marcador social, a presença de celebridades nas páginas da *Revista do Comerciário* vale por elemento legitimador do processo de transformação do comerciário em cidadão culto e moderno.

A cultura urbana e suas redes na capital paulista têm despertado mais interesse ultimamente, e já não era sem tempo.[125] As camadas médias e o papel que desempenharam na dinâmica dessa cultura, ou a microanálise dos espaços centrais e dos processos de transformação desses espaços em lugares com forte carga simbólica capaz de ativar e agenciar o fato urbano, merecem ainda muitos estudos. As séries documentais passíveis de ser mobilizadas para esse perfil de investigação incluem as revistas ilustradas, os boletins, os dispositivos paradidáticos, as publicações de cunho turístico; enfim, toda sorte de materiais visuais produzidos para as massas, para a média, para as camadas que, a partir desse momento, vão definir parte do perfil da cultura urbana paulistana. Material que pode ser cunhado de banal, corriqueiro e, por isso mesmo, revelador da dinâmica cultural na sua dimensão visual.

Nos anos 1990, as estratégias visuais adotadas para dar conteúdo visual à filosofia institucional são outras, pautadas por temas candentes de seu tempo, entre os quais a valorização do passado e a da memória como meio de afirmar a identidade e o lugar de poder no presente e na projeção para o futuro.[126] A nota sobre esse tema sustenta-se na análise da publicação *Sesc, uma ideia original*, com especial atenção para a maneira como o passado é configurado visualmente na narrativa da trajetória do Sesc.

125. No campo dos estudos sobre a mídia e a produção cultural na cidade de São Paulo, conferir estudos de caso. Vide nota complementar ao final do livro, na página 261.

126. Andreas Huyssen, intelectual filiado aos estudos culturais com interesse nos temas relacionados com a mídia e a pós-modernidade, considera que a memória se tornou uma obsessão cultural no mundo globalizado. Vide nota complementar ao final do livro, na página 261.

Em nome da memória: novos significados para velhas fotografias

O livro *Sesc São Paulo, uma ideia original*, publicado em 1997, é contundente no uso de fotografias: são mais de quatrocentas imagens distribuídas em 245 páginas. A concepção se pauta na retrospectiva, como é próprio de publicações suscitadas por efemérides, e esse viés memorialístico está presente nas três partes que o compõem – "História e memória", "Ideias e ideais" e "Meio século de realizações"–, ainda que o título indique essa prerrogativa apenas para a primeira parte.

Os textos dividem-se em dois níveis, um atrelado às fotografias e outro encadeado cronologicamente segundo os temas tratados – educação social, lazer, esportes, saúde, terceira idade, ações para o público infantil e assim por diante.

Isolado, o repertório fotográfico revela uma franca predominância dos registros de produtos culturais – especialmente, espetáculos de teatro e *shows* de música. Eles aparecem na ilustração da parte dedicada a educação social e ação comunitária, lazer socioeducativo, lazer e animação cultural, democratização da cultura, multiculturalismo e identidade cultural, e nas duas partes especificamente voltadas para esses campos artísticos.

Interessa aqui discutir justamente o uso do vasto repertório fotográfico, já que o livro é o primeiro a mobilizar o acervo fotográfico do Sesc, publicando fotografias que apareceram originalmente nas publicações *Sesc em Marcha* e *Revista do Comerciário*, além de tantas outras cuja origem é ainda desconhecida. A estratégia de edição das fotografias baseia-se no contraste temporal: se o tema é música, quatro ou cinco fotografias de décadas distintas compõem a página. A mensagem resultante é inequívoca: demonstrar a tradição e o acúmulo de experiências como prova do sucesso alcançado.

Por mais paradoxal que possa parecer, a atribuição às fotografias da marca "histórica" muitas vezes acontece em detrimento de seus contextos de produção e circulação. A ausência, naquele momento, de um acervo identificado e que permitisse recuperar a proveniência das fotografias explica apenas em parte a livre apropriação a que se procedeu. Por exemplo, a fotografia de esposa e filhos ao lado do rádio que integra a matéria sobre o locutor esportivo Pedro Luiz, publicada na *Revista do Comerciário* de agosto de 1957 (cf. fig. 91), é reproduzida na página 66 do livro. Na sua nova roupagem, a fotografia serve para ilustrar o papel da mulher, em sugestiva legenda que diz: "Responsável pela educação e cuidados com os filhos, a mulher tinha no rádio um meio importante de comunicação com o mundo fora do lar". Esse é apenas um dos muitos exemplos de descontextualização e atribuição de novos significados às fotografias presentes na publicação.

Valorizadas exclusivamente por seu conteúdo iconográfico, as fotografias assim tratadas assumem funções quase alegóricas – ilustram ideias prontas e totalizantes. Como "testemunhos do passado", tornam-se inquestionáveis e imunes a qualquer olhar crítico. Todas essas características definem um uso preponderantemente ideológico do repertório fotográfico mobilizado, a serviço de uma narrativa teleológica na qual elas são fruídas como dado comprobatório da existência institucional.

Esse tipo de uso não configura exceção no conjunto de produtos impressos que mobilizam fotografias, muito pelo contrário. A publicação em foco é exemplar de uma prática quase tão antiga como a própria invenção da fotografia. Quando se trata de constituir memórias, operação ideológica por natureza, as iniciativas que lançam mão de fotografias são extremamente bem-sucedidas. Isso porque os discursos que no século XIX viabilizaram a fotografia como produto técnico capaz de ser absorvido nos mais diversos circuitos – do campo científico ao policial – apoiaram-se em um estatuto de veracidade tributário da qualidade indicial da fotografia.[127] Essa qualidade serviu também para dar lastro às narrativas sobre o passado. O exemplo mais próximo está no nosso cotidiano. O álbum de família desempenha função importantíssima de reprodução da ordem familiar. Ele agencia a formação da identidade do indivíduo – o registro fotográfico que o acompanhou desde a infância lhe dá a certeza de ter nascido como parte daquela família específica, naquela cidade específica, e ter vivido momentos únicos e intransferíveis. Nos museus, muitas vezes a fotografia é utilizada com o mesmo propósito – caucionar o fato narrado com a marca da veracidade.[128]

São essas experiências que autorizam, ainda hoje, a mobilização da fotografia segundo as suas supostas qualidades testemunhais, como no caso aqui em análise.

Em um contexto mais amplo, vale a pena mencionar que a obsessão pela memória, identificada por Andreas Huyssen como uma característica marcante da cultura global nesta passagem de milênio, também

127. Quando de sua invenção, os muitos textos que a explicavam insistiam em diferenciá-la do desenho ou da pintura. Vide nota complementar ao final do livro, na página 261.

128. Sobre o uso da fotografia em museus de história, cf. Vânia Carneiro de Carvalho & Solange Ferraz de Lima, "São Paulo antigo, uma encomenda da modernidade, as fotografias de Militão nas pinturas do Museu Paulista", *Anais do Museu Paulista*, nova série, n° 1, v. 1, 1993.

trouxe consequências que se afastam dos usos ideológicos das representações visuais. Fazem parte do nosso tempo as iniciativas de preservação patrimonial, de revisões das histórias nacionais com o fito de melhor conhecer os processos sociais das minorias que ganharam expressão graças ao mundo globalizado e, principalmente, de revisão dos paradigmas explicativos do mundo social de caráter totalitário e monolítico.

As iniciativas de preservação patrimonial não se restringem hoje à esfera pública. Nos últimos trinta anos, instituições privadas de várias áreas passaram a investir na preservação de seus acervos tendo como horizonte a possibilidade de disponibilizar, para a história, os suportes materiais que serviram para manter suas memórias (e identidades). Essas iniciativas distanciam-se do amadorismo e recrutam considerável contingente de profissionais das áreas da arquivologia, museologia, história, antropologia e sociologia. O investimento na organização documental e na melhoria das condições físicas de guarda dos acervos já configura hoje uma grata realidade.

As possibilidades de condensação dos fluxos informacionais em mídias digitais e virtuais por algum tempo suscitaram temores de que a cultura material sucumbiria à categoria de sucata. Essa projeção catastrófica não figura mais como horizonte crível. Reconhece-se que as formas de reprodução da vida social estão intrinsecamente conformadas pela materialidade.

Esse percurso final, aparentemente desviante, procurou calibrar a análise do uso tradicional de repertórios fotográficos de caráter histórico, de que a publicação *Sesc, uma ideia original* é exemplo. Passados dez anos de sua publicação, seu modo de produção já integra a história do Sesc, passível de suscitar reflexões críticas à luz de um olhar desse presente.

É preciso que se faça essa ressalva, para entender que a análise do conjunto de imagens problematizou um aspecto, entre muitos, da imagem institucional do Sesc. E é importante salientar que identidades se constroem a partir do que é intencionalmente mobilizado, mas também a partir das reverberações sociais suscitadas ao longo do circuito de consumo, apropriação e descarte de seus suportes materiais. Aqui se tratou prioritariamente dos produtos visuais frutos da intencionalidade da instituição. O tema está, portanto, longe de esgotado.

Bibliografia

ADAMS, Gavin. *A mirada esteroscópica e sua expressão no Brasil*, tese de doutorado, Escola de Comunicações e Artes (ECA-USP), São Paulo, 2004.

AGUAYO, Fernando. *Los usos sociales de la imagen. El caso del Zócalo de la ciudad de México: 1877-1926*, tese de doutorado, México, DF: Instituto Mora, 2008.

AGUAYO, Fernando. *Los usos sociales de la imagen. El caso del Zócalo de la ciudad de México (1877-1926)*, tese de doutorado, Instituto de Ciencias Sociales y Humanidades de la Benemérita Universidad Autónoma de Puebla (ICSyH-BUAP), 2008.

AGUILLON, Maurice (org.). *Le XIXe siècle et la Révolution Française*. Paris: Gallimard, 1992.

ARIÈS, Philippe. *Um historiador diletante*. São Paulo: Bertrand Brasil, 1994.

ARRUDA, Maria Arminda do Nascimento. *Metrópole e Cultura: São Paulo no meio do século XX*. São Paulo: EDUSC, 2001.

BADARÓ, Rui de Lacerda. *Direito do Turismo. História e legislação no Brasil e no exterior*. São Paulo: Editora Senac, 2002.

BASCHET, Jérôme. "Fécondité et limites d'une approche systématique de l'iconographie médiévale". Em *Annales: Économies, Sociétés, Civilisations*, v. 46, n° 2, 1991, pp. 375-380.

BAUDRILLARD, Jean. *Sociedade de consumo*. Lisboa: Edições 70, 1975.

BESSE, Susan K. *Modernizando a desigualdade. Reestruturação da ideologia de gênero no Brasil, 1914-1940*. São Paulo: Edusp, 1999.

BONADIO, Maria Claudia. *Moda e sociabilidade. Mulheres e consumo na São Paulo dos anos 1920*. São Paulo: Editora Senac São Paulo, 2007.

BOURDIEU, Pierre. *Questões de Sociologia*. Rio de Janeiro: Marco Zero, 1983.

BOURDIEU, Pierre. *A distinção. Crítica social do julgamento*. São Paulo: Edusp, 2007.

BOURDIEU, Pierre. *A economia das trocas simbólicas*. São Paulo: Perspectiva, 1974.

CAMARGO, Luiz Otávio de Lima. *O que é Lazer*. São Paulo: Brasiliense, 1989.

CAMPELO, Mária de Fátima de Mello Barreto. *A construção coletiva da imagem de Maceió. Cartões-postais 1903/1934*, tese de doutorado, Recife: UFPE, 2009.

CAMPOS, Cândido Malta; Gama, Lúcia Helena; Sachetta, Vladimir. *São Paulo, metrópole em trânsito. Percursos urbanos e culturais*. São Paulo: Editora Senac, 2004.

CAMPOS, Daniela Queiroz. "A leitura das garotas". Em *Anais do 16º Congresso de Leitura do Brasil*, sessão XV, 2007. http://www.alb.com.br/anais16/index.htm (acessado em 20 de agosto de 2010).

CANO, Wilson. "Dinâmica da economia urbana de São Paulo: uma proposta de investigação". Em *Revista de Administração de Empresas*, Rio de Janeiro: 1985, nº 25 (1), pp. 15-25.

CARVALHO, Vânia Carneiro & LIMA, Solange Ferraz de. *Fotografia e cidade: da razão urbana à lógica de consumo*. Campinas, SP: Mercado de Letras, 1997.

CARVALHO, Vânia Carneiro & LIMA, Solange Ferraz de. "Individuo, género y ornamento en los retratos fotográficos, 1870-1920". Em Lourdes Roca, Fernando Aguayo (org.). *Imágenes e Investigación Social*. Cidade do México: Instituto de Investigaciones Dr. José María Luis Mora, 2005, v.1, pp. 271-291.

CARVALHO, Vânia Carneiro & LIMA, Solange Ferraz de. "São Paulo antigo, uma encomenda da modernidade. As fotografias de Militão nas pinturas do Museu Paulista". Em *Anais do Museu Paulista*, nova série, nº 1, v. 1, 1993.

CARVALHO, Vânia Carneiro de. *Gênero e espaço doméstico. O sistema doméstico na perspectiva da cultura material, São Paulo, 1870-1920*. São Paulo: EDUSP, 2008.

CASTORIADIS, Cornelius. *A instituição imaginária da sociedade*. Rio de Janeiro: Paz e Terra, 1982.

CERTEAU, Michel de. *A invenção do cotidiano. Artes do Fazer*. Rio de Janeiro: Vozes, 1994.

CHARTIER, Roger (org.). *Práticas de leitura*. São Paulo: Estação Liberdade, 2001.

CHARTIER, Roger. *História Cultural: entre práticas e representações*. Lisboa/Rio de Janeiro: Difel/Bertrand Brasil, 1990.

CHIARADIA, Maria Filomena Vilela. *Iconografia teatral: estudo da imagem de cena nos arquivos fotográficos*. Walter Pires e Eugênio Salvador, tese de doutorado, Rio de Janeiro: UNIRIO, 2010.

COLEÇÃO Pirelli MASP de Fotografia. http://site.pirelli.14bits.com.br/autores/76 (acessado em 3 de maio de 2010).

CORBIN, Alain; COURTINE, Jean-Jacques; VIGARELLO, Georges (orgs.). *História do corpo*. Petrópolis/RJ: Editora Vozes, 2008.

CORBIN, Alain. *O território do vazio, a praia no imaginário ocidental*. São Paulo: Companhia das Letras, 1989

COSTA, Helouise & SILVA, Renato Rodrigues da. *A fotografia moderna no Brasil*. São Paulo: Cosac & Naify, 2004.

COSTA, Helouise. "Pictorialismo e imprensa: o caso da revista *O Cruzeiro* (1928-1932)". Em Fabris, Annateresa (org.). *Usos e funções da fotografia no século XIX*, São Paulo: Edusp, 2001.

COSTA, Helouise. *Um olho que pensa: estética moderna e fotojornalismo*, tese de doutorado, São Paulo: FAU, 1999.

DALBEN, André. *Educação do corpo e vida ao ar livre: natureza e educação física em São Paulo (1930-1945)*, dissertação de mestrado, Campinas, Faculdade de Educação Física/Unicamp, 2009.

DARNTON, Robert. *O grande massacre dos gatos*, 2ª ed. Rio de Janeiro: Forense--Universitária, 1987.

DEBORD, Guy. *A sociedade do espetáculo*. São Paulo: Contraponto, 1997.

DICIONÁRIO Brasileiro de Terminologia Arquivística. Rio de Janeiro: Arquivo Nacional, 2005.

DINES, Yara Schreiber. *Cidadelas da cultura e lazer: um estudo de antropologia da imagem do Sesc São Paulo*, tese de doutorado, PUC, São Paulo, 2007.

ENTLER, Ronaldo. *O corte fotográfico e a representação do tempo pela imagem fixa*, trabalho apresentado ao NP 20 – Fotografia: Comunicação e Cultura, do IV Encontro dos Núcleos de Pesquisa da Intercom. Revista Studium nº 12. Campinas: Instituto de Artes da Unicamp, 2004.

FABRIS, Annateresa. "Entre arte e propaganda: fotografia e fotomontagem na vanguarda soviética". Em *Anais do Museu Paulista: História e Cultura Material*, v. 13, nº 1, São Paulo, jan./jun. 2005.

FELDMAN, Sarah. "A configuração espacial da metrópole". Em Campos, Cândido Malta; Gama, Lúcia Helena; Sachetta, Vladimir. *São Paulo, metrópole em trânsito. Percursos urbanos e culturais*. São Paulo: Editora Senac, 2004, pp. 124-129.

FERNANDES, Natalia Morato. *Cultura e política no Brasil. Contribuições para o debate sobre política cultural no Brasil*, tese de doutorado, Universidade Estadual Paulista Júlio de Mesquita Filho (UNESP) Araraquara, 2006.

FOUCAULT, Michel. "Os corpos dóceis". Em Foucault, Michel. *Vigiar e punir. História da violência nas prisões*. Rio de Janeiro: Vozes, 1977, pp. 125-152.

FREUND, Gisele. *La fotografía como documento social*. Barcelona: Gustavo Gili, 1986.

GAMA, Lúcia Helena. *Nos bares da vida. Produção cultural e sociabilidade em São Paulo – 1940-1950*. São Paulo: Editora Senac São Paulo, 1998.

GINZBURG, Carlo. *O queijo e os vermes. O cotidiano e as ideias de um moleiro perseguido pela inquisição*. São Paulo: Companhia das Letras, 1987.

GINZBURG, Carlo. "Sinais: Raízes de um paradigma indiciário". Em *Mitos, emblemas, sinais: morfologia e história*. São Paulo: Companhia das Letras, 1989, pp. 163-179.

GOMES, Ângela de Castro & D'ARAÚJO, Maria Celina. *Getulismo e trabalhismo*. São Paulo: Editora Ática, 1989.

GOUVEIA, Sonia Maria Milani. *O homem, o edifício e a cidade por Peter Scheier*, dissertação de mestrado, Escola de Comunicações e Artes (ECA-USP), São Paulo, 2008.

GUBERN, Román. *La mirada opulenta. Exploración de la iconosfera contemporánea*. Barcelona: Gustavo Gilli, 1987.

HALL, Stuart (ed.). *Representation: cultural representations and signifying practices*. Londres: Sage Publications, 2003.

HUYSSEN, Andreas. "Mídia e discursos da memória". Em *Revista Intercom*, v. 27, n° 1, 2004.

HUYSSEN, Andreas. *Seduzidos pela memória*. Rio de Janeiro: Aeroplano, 2000.

JODELET, Denise (org.). *As representações sociais*. Rio de Janeiro: EdUERJ, 2001.

KNAUSS, Paulo. "O desafio de fazer história com imagens, arte e cultura visual". Em *ArtCultura*, Uberlândia, v. 8, n. 12, jan.-jun. 2006, pp. 97-115.

KRACAUER, Siegfried. *O ornamento das massas*. São Paulo: Cosac & Naify, 2009.

LEDRUT, Raymond. *Les images de la ville*. Paris: Éditions Anthropos, 1973.

LEITE, Miriam Moreira. *Retratos de família*. São Paulo: Edusp/FAPESP, 1993.

LISSOVSKY, Mauricio. "O refúgio do tempo no tempo do instantâneo". Em *Lugar Comum* (Rio de Janeiro), v. 8, mai.-ago., 1999, pp. 89-109.

LOFEGO, Sílvio Luiz. *IV Centenário da Cidade de São Paulo. Uma cidade entre o passado e o futuro*. São Paulo: Anablume, 2004.

MANTLE, Jonathan. *Benetton, a família, a empresa e a marca*. São Paulo: Nobel, 2000.

MATTOS, David José Lessa. *O espetáculo da cultura paulista: teatro e TV em São Paulo, 1940-1950*. São Paulo: Códex, 2002.

MAUAD, Ana Maria Essus. "Na mira do olhar: um exercício de análise da fotografia nas revistas ilustradas cariocas, na primeira metade do século XX". Em *Anais do Museu Paulista*, v. 13, 2005.

MAUAD, Ana Maria Essus. *Sob o signo da imagem: a produção da fotografia e o controle dos códigos de representação social da classe dominante no Rio de Janeiro, na primeira metade do século XX*, tese de doutorado, Rio de Janeiro: UFF, 1990.

MENDES, Ricardo & JUNQUEIRA, Mônica. *Fotografia: cultura e fotografia paulistana no século XX*. São Paulo: Secretaria Municipal de Cultura, 1992.

MENDES, Ricardo. *A revista S. Paulo: a cidade nas bancas*. Em *Imagens*, Unicamp: dez., 1994, pp. 91-97.

MENESES, Ulpiano T. B. de. "A problemática do imaginário urbano: reflexões para um tempo de globalização". Em *Revista da Biblioteca Mário de Andrade*, São Paulo: jan./dez., 1997, v. 55, pp. 11-20.

MENESES, Ulpiano T. B. de. "Fontes visuais, cultura visual, história visual. Balanço provisório, propostas cautelares". Em *Revista Brasileira de História*, São Paulo, n° 23, n° 45, 2003, pp. 11-36.

MIRANDA, Luciano. *Pierre Bourdieu e o campo da comunicação: por uma teoria da comunicação praxiológica*. Porto Alegre: EDIPUCRS, 2005.

MONTEIRO, Charles. "Imagens sedutoras da modernidade urbana: reflexões sobre a construção de um novo padrão de visualidade urbana nas revistas ilustradas na década de 1950". *Revista Brasileira de História*, v. 27, 2007.

MOSCOVICI, Serge. *Psychologie sociale*. Paris: PUF, 1990.

NORA, Pierre (ed.). *Les lieux de mémoire*. Paris: Edition Gallimard, 1984-1992.

OWENSBY, Brian. *Intimate Ironies – modernity and the making of middle-class lives in Brazil*. Stanford: Stanford University Press, 1999.

PADILHA, Marcia. *A cidade como espetáculo. Publicidade e vida urbana na São Paulo dos anos 20*. São Paulo: Anablume, 2001.

PAIVA, Vanilda. *História da educação popular no Brasil. Educação popular e educação de adultos*. São Paulo: Edições Loyola, 2003.

PARLEBAS, Pierre (coord.). "Le corps et le langage: parcours accidentés". Em *Actes de la Journée de L'École doctorale "Éducation, langage, societé"* (novembro/1999, Université Paris V – René Descartes). Paris: L'Harmattan, 1998 pp. 107-117.

PEREGRINO, Nadja Fonseca. *O Cruzeiro: a revolução da fotorreportagem*. Rio de Janeiro: Danzibao, 1991.

PEREIRA, Adriana Maria Pinheiro Martins. *A cultura amadora na virada do século XIX: a fotografia de Alberto de Sampaio (Petrópolis/Rio de Janeiro, 1888-1914)*, tese de doutorado, Departamento de História, FFLCH/USP, São Paulo, 2010.

PESAVENTO, Sandra Jatahy. *História e história cultural*. Belo Horizonte: Autêntica, 2003.

PONTES, Heloísa. *Intérpretes da metrópole: história social e relações de gênero no teatro e no campo intelectual, 1940-1980*. São Paulo: Edusp, 2011.

PONTES, Heloísa. *Destinos mistos: os críticos do grupo Clima em São Paulo, 1940-1968*. São Paulo: Companhia das Letras, 1998.

POSSAMAI, Zita Rosane. *Cidade fotografada: memória e esquecimento nos álbuns fotográficos de Porto Alegre, décadas de 1920 e 1930*, tese de doutorado, Porto Alegre: UFRS, 2005.

RENGEL, Lenira. *Dicionário Laban*. São Paulo: Anablume, 2003.

REQUIXA, Renato. *O lazer no Brasil*. São Paulo: Brasiliense, 1977.

SALIBA, Elias Thomé. *Raízes do riso: a representação humorística na história brasileira*. São Paulo: Companhia das Letras, 2002.

SANT'ANNA, Denise Bernuzzi de. *O prazer justificado. História e lazer. São Paulo, 1969/1979*. São Paulo: Marco Zero, 1994.

SCHPUN, Mônica Raisa. *Beleza em jogo. Cultura física e comportamento em São Paulo nos anos 20*. São Paulo: Boitempo Editorial, 1999.

Seminário Fotografia de cena, UNIRIO, 8 de abril de 2010.

SEVCENKO, Nicolau. *Orfeu extático na metrópole: São Paulo, sociedade e cultura nos frementes anos 20*. São Paulo: Companhia das Letras, 1992.

SILVA, Armando. *Álbum de família: a imagem de nós mesmos*. São Paulo: Senac, 2008.

SILVA, Luís Octávio da. "Verticalização, expansionismo e grandes obras viárias: a modernização limitada". Em Campos, Cândido Malta; Gama, Lúcia Helena; Sachetta, Vladimir, *São Paulo, metrópole em trânsito, percursos urbanos e culturais*. São Paulo: Editora Senac, 2004, pp. 100-111.

SIMÃO, Azis. *Sindicato e trabalho: suas relações na formação do proletariado de São Paulo*. São Paulo: Editora Ática, 1981.

SOUZA, Jorge Pedro. *Uma história crítica do fotojornalismo ocidental*. Florianópolis: Letras Contemporâneas, 2004.

TOSCANI, Oliviero. *A publicidade é um cadáver que nos sorri*. Rio de Janeiro: Ediouro, 1996.
TUAN, Yi-Fu. *Espaço e lugar*. São Paulo: Difel, 1983.
TUAN, Yi-Fu. *Topofilia*. São Paulo/Rio de Janeiro: Difel, 1980.
WARNIER, Jean Pierre. *A mundialização da cultura*. Bauru: EDUSC, 2000.
WILLIAMS, Raymond. *Cultura e sociedade: 1780-1950*. São Paulo: Editora Nacional, 1969.
http://www.itaucultural.org.br (acessado em 30 de agosto de 2010).
http://www.ihgs.com.br/ (acessado em 23 de setembro de 2010).

Publicações Sesc

A criança e o espaço lúdico, 1994.
Brandão, Ignácio de Loyola. *Sesc 50 anos*, São Paulo: Sesc SP, 1996.
Centro Cultural e Desportivo Sesc Santos, 1989.
Cidadela da Liberdade, 1999.
Circunvizinhança – um registro da região do Belenzinho, seus moradores, trabalhadores e ambiente urbano na visão do fotógrafo Gal Oppido, 2001.
Coleção Sesc de arte brasileira – obras selecionadas, 2004.
Bardi, Lina Bo; Santos, Cecília Rodrigues dos; Ferraz, Marcelo e Vainer, André. *Sesc – Fábrica da Pompeia*. Lisboa: Editorial Blau, 1998.
Mesa Brasil Sesc São Paulo 10 anos, 2004.
O que é o Sesc, 1957.
Sesc 41 anos a serviço da paz social, 1987. 1946-1987.
Sesc São Paulo – Desafios e realizações, 2004.
Centro Sesc São Paulo – Uma ideia original, 1997.
Sesc São Paulo, 1988.
Sesc São Paulo, 1995.
Sesc Serviço Social do Comércio. Senac – Serviço Nacional de Aprendizagem Comercial, 1980.
Teatro Sesc Anchieta, 1989.

Periódicos

Coleção *Sesc em Marcha*, ano 1, 1949-50.
Coleção *Sesc em Marcha*, ano 2, 1951.
Revista do Comerciário, ano 1, 1956.
Revista do Comerciário, ano 2, 1957.
Revista do Comerciário, ano 3, 1958.
Revista do Comerciário, ano 4, 1959.
Revista do Comerciário, ano 5, 1960.

Anexo I: Fichas das publicações

Sesc em Marcha

Ano	Novembro, 1949
Imprenta	São Paulo: Serviço de Formação Social do Comerciário Sesc, nov. 1949, ano I, n° 1.
Organizador	Diretor: Augusto Galvão Bueno Trigueirinho. Secretário: Randolpho Homem de Mello. Redator-chefe: Diogo Gonçalves Marques.
Páginas	12
Dimensões	36,1 x 26,2 cm

Sesc em Marcha

Ano	Fevereiro, 1950
Imprenta	São Paulo: Seção de Estudos e Pesquisas – Setor de Cultura, Sesc, dez. 1949, ano I, n° 4.
Organizador	Diretor: Augusto Galvão Bueno Trigueirinho. Secretário: Randolpho Homem de Mello. Redator-chefe: Diogo Gonçalves Marques.
Páginas	12
Dimensões	36,1 x 26,2 cm

Sesc em Marcha

Ano	Setembro-outubro, 1950.
Imprenta	São Paulo: Seção de Estudos e Pesquisas – Setor de Cultura, Sesc, set./out. 1950, ano I, n° 8.
Organizador	Diretor: Augusto Galvão Bueno Trigueirinho. Redator-secretário: Maria Aparecida Correa. Redator-chefe: Randolpho Homem de Mello.
Páginas	12
Dimensões	36,1 x 26,2 cm

Sesc em Marcha

Ano	Setembro, 1951.
Imprenta	São Paulo: Seção Cultura e Educação, Sesc, set. 1951, ano II, n° 16.
Organizador	Redator-chefe: Maria Aparecida Campos Correa. Redator-secretário: Randolpho Homem de Mello.
Páginas	12
Dimensões	36,1 x 26,2 cm

Sesc em Marcha

Ano	Setembro, 1951.
Imprenta	São Paulo: Seção Cultura e Educação, Sesc, dez. 1951, ano II, n° 19.
Organizador	Redator-chefe: Maria Aparecida Campos Correa. Educador social: José Luiz Fonseca Tavares.
Páginas	12
Dimensões	36,1 x 26,2 cm

Colunistas de *Sesc em Marcha*, 1949-1951

Alaor Roald (colaborador)
Aracy Abreu Amaral (Feminina)
Breno Di Grado (Literária)
Carlos Marques Pinho (Infantil)

Carlos Nogueira (Orientação jurídica e colaborador)
Carmen Mata Martins (Feminina)
Cristovam Soares Cavalcanti (colaborador)
Fany Burd (Orientação profissional)
Florentino Barbosa e Silva (colaborador)
Frederico Bezerra de Menezes (Música)
Geraldo Aquino (Música)
J. V. Freitas Marcondes (colaborador)
José Luiz Fonseca Tavares (colaborador)
Lúcia Pereira Magalhães (Literária)
Luiz Machado Kawall (Cinema)
Maria José Araújo Lima (Orientação profissional)
Maria Julia Amaral Antunes (colaborador)
Maria Sebastiana S. Ferreira (Feminina)
Myrian Novelli (Reportagem)
Paulo Barbosa e Silva (Artes Plásticas)
Pedro Santoro (colaborador)
Pio Rodrigues de Lima (colaborador)
Ylves José Miranda Guimarães (Orientação jurídica)

Revista do Comerciário

Ano	1956
Imprenta	São Paulo: Sesc (Serviço Social do Comércio – Setor de Cultura e Arte), jan. 1956, ano I, nº 1.
Organizador	Redatores: Mathilde dos Santos Dias e Renato Requixa. Diretor responsável: José Luiz Fonseca Tavares. Serviço fotográfico: Federação do Comércio.
Páginas	16

Revista do Comerciário

Ano	1956
Imprenta	São Paulo: Sesc (Serviço Social do Comércio – Setor de Cultura e Arte), jun. 1956, ano I, n° 5.
Organizador	Fundador: José Luiz Fonseca Tavares. Diretor: Eduardo José Vieira Manso. Redator: Renato Requixa. Serviço fotográfico: Federação do Comércio.
Páginas	16

Revista do Comerciário

Ano	1956
Imprenta	São Paulo: Sesc (Serviço Social do Comércio – Setor de Cultura e Arte), nov. 1956, ano I, n° 9.
Organizador	Fundador: José Luiz Fonseca Tavares. Diretor: Eduardo José Vieira Manso e Marlene Alencar Carneiro. Serviço fotográfico: Federação do Comércio.
Páginas	16
Dimensões	26,5 x 18 cm

Revista do Comerciário

Ano	1956
Imprenta	São Paulo: Sesc (Serviço Social do Comércio – Administração Regional no Estado de São Paulo), dez. 1956, ano I, n° 10 [mudança realizada em outubro].
Organizador	Fundador: José Luiz Fonseca Tavares. Diretor: Marlene Alencar Carneiro. Serviço fotográfico: Federação do Comércio.
Páginas	16

Revista do Comerciário

Ano	1957
Imprenta	São Paulo: Sesc (Serviço Social do Comércio – Administração Regional no Estado de São Paulo), fev. 1957, ano II, n° 13 [mudança realizada em outubro de 1956].
Organizador	Fundador: José Luiz Fonseca Tavares. Diretor responsável: José Tavares de Mello. Secretário: Renato Requixa. Redator-chefe: Marlene Alencar Carneiro. Fotografias: Federação do Comércio e Mário Dib.
Páginas	16

Revista do Comerciário

Ano	1957
Imprenta	São Paulo: Sesc (Serviço Social do Comércio – Administração Regional no Estado de São Paulo), nov.-dez. 1957, ano II, n° 18.
Organizador	Diretor responsável: José Tavares de Mello. Secretário: Renato Requixa. Redatores-chefes: Marlene Alencar Carneiro e Maria Aparecida Assis Siqueira. Fotografias: Federação do Comércio.
Páginas	24

Revista do Comerciário

Ano	1958
Imprenta	São Paulo: Sesc (Serviço Social do Comércio – Administração Regional no Estado de São Paulo), mai. 1958, ano III, n° 21.
Organizador	Diretor responsável: José Tavares de Mello. Secretário: Renato Requixa. Redator-chefe: Maria Aparecida Assis Siqueira. Fotografias: Federação do Comércio.
Páginas	16

Revista do Comerciário

Ano	1959
Imprenta	São Paulo: Sesc (Serviço Social do Comércio – Administração Regional no Estado de São Paulo), abr. 1959, ano IV, nº 29.
Organizador	Diretor responsável: José Tavares de Mello. Secretário: Renato Requixa. Redatores: Maria Aparecida Assis Siqueira e Bahij Amin Aur. Fotografias: Federação do Comércio.
Páginas	16

Revista do Comerciário

Ano	1960
Imprenta	São Paulo: Sesc (Serviço Social do Comércio – Administração Regional no Estado de São Paulo), mar.-abr. 1960, ano V, nº 39.
Organizador	Diretor responsável: José Tavares de Mello. Secretário: Renato Requixa. Redatores: Maria Aparecida Assis Siqueira, Maria Christina Figueiredo e Bahij Amin Aur. Fotografias: Federação do Comércio.
Páginas	24
Observações	A partir de jan.-fev. 1960, ano V, nº 38, a Revista do Comerciário passa a ter 24 páginas e uma tiragem de 15.000 exemplares.

Colaboradores da *Revista do Comerciário*, 1956-1960

Adhemar Chaves
Agmon G. Rosa
Alaor da Silva Cardoso
Aldo Ennos de Moraes
Alzira Pacheco Lomba
Ana Bianchini Abla

Antonio Alonso
Antonio Cashera
Antonio Francisco França Nogueira
Antonio Gervásio de Paiva Diniz
Antonio José Pereira
Antonio Oniswaldo Tilleli
Antonio Perssinotto
Aquiles Fontana
Arão Rumel
Arnaldo Bontempo
Arnaldo Fiaschi
Aron Kleingesinds
Bahij Amin Aur
Beatriz Silva
Benedicto Caprióglio
Caetano Lima
Carlos Lupinacci Pinto
Carlos Malatesta
Carlos Matheus
Cavalcante
Claudio B. Libonari
Conceição Assis Ribeiro
Deive Saloni
Dinaldo Buarque de Gusmões
Dines Edgar Silvestrin
Divo Pereira de Rezende
Dora Liwzyc
Eclair Fonseca
Eda Milioni
Edir Bianchi Person
Edmylson Guidacci Franco
Eduardo Vieira Manso
Efraim Tomás Bó
Egberto Pommé
Eidy Apparecida Granito
Elza dos Santos Pontes
Emílio Bruim

Ester Pizorelle
Esther Jacob
Eva Beatriz Ramos
Fausto Fuser
Fausto Ribeiro de Barros
Filomena Pecosa
Francisco Eduardo Bezerra de Menezes
Frederico Bezerra de Menezes
G. Ballaben
G. P. Rodrigues
Gassen de Haidar Jorge
Getúlio V. Maretti
Gonçalo Henrique Chaves
Graziela Diaz Sterque
Haidée Leite
Heitor Oliva Feitosa
Helena Pitta
Iracema Ferrari
Íris Geny Marcondes
Izabel Kranic
J. E. de Bruin
Jácomo José Orselli
Jacy Helena Severino
Jairo Ferraz de Almeida
Jango Perez
Jessy de Almeida Menezes
João Bosco
Joaquim de Oliveira
Jorge Tavares
José Albino Pereira
José Guy Siegl
José Nascimento de Godoy
José Pimenta Bugelli
José Tavares de Mello
José Vieira
Joveny Audi
Lais Assis Ribeiro

Laís Marques
Levy Xavier de Souza
Ligia Mauro Arantes
Lisindo Coppoli
Lourdes Luz Moraes Mello
Luiz Carlos Cunha
Luiz Hiroshi Yamada
Luiz Toloza Viana
Margarida C. F. Cervilho
Maria Alice Monteiro
Maria Antonia Coppio
Maria Augusta B. Mattos
Maria Christina Figueiredo
Maria Conceição Assis Ribeiro
Maria D'Abadia dos Reis
Maria de L. Guimarães
Maria de Lourdes Formoso
Maria Eliza Soares
Maria Esther Soares de Souza
Maria Helena Campos
Maria Helena Cunha
Maria Helena M. Hayakawa
Maria José Cardoso de Almeida
Maria José de Oliveira Teixeira
Marlene Carneiro Pereira
Martha Marlene Caño
Mathilde dos Santos Dias Gibrail
Maura Maria Franzini
Mauricio Salama
Milton Lupinacci Pinto
Miriam Martelli
Monsenhor Bueno Medeiros
Muzaiel Feres Muzaiel
Nabil João Aur
Natal Caran
Nelson Silva
Nilton Travesso

Nino G. A. Abbiati
Noêmia Vieira de Moraes Lourenço
Norma Faruk
Odete Gonçalves
Oliveira Ribeiro Neto
Oliver Cunha
Oriete Vieira da Silva
Oswaldo Morse
Otavio Muniz
Paulo Fehr
Pedro Anibagy Bérgamo
Pedro Sinkaku Myiahira
Pinto Rodrigues
Ramon Rey
Raquel Porto de Souza
Renato Bello
Renato Requixa
Rolando Serigi
Ronaldo Pavesi
Rubens Abreu Von Gal
Rubens Pereira da Cunha
Sérgio Pessanha Arruda
Sérgio Santos Penna
Sidney Álvarez
Silvino da C. Silva
Silvio Vasconcelos
Soares
Tereza Aparecida Batista
Tobias Gomes Junqueira
Torquato Ariosto Mártire
Tujio Watanabe
Wilma Paschoa
Yone Arita
Yvone Piva
Zally Pinto
Zoraide Ferreira Lima

Sesc Serviço Social do Comércio
Senac Serviço Nacional de Aprendizagem Comercial

Ano	1980
Imprenta	São Paulo: Sesc (Serviço Social do Comércio – Administração Regional no Estado de São Paulo), 1980. Fotolitos: Grafcolor. Fotocomposição: Linoart. Fotoletras: Fotoletras. Impressão: Pancrom.
Organizador	Criação e direção geral: Paulo Mendonça. Assessoria: Costa Aguiar Publicidade Ltda. Direção de arte: João Baptista da Costa Aguiar. Fotografia: Bob Wolfenson. Textos: Paulo Mendonça. Assistência de fotografia: Paulo Vainer. Ilustrações: Aníbal dos Santos Monteiro. Produção gráfica: Mário Campos de Souza e Márcio F. Elias. Produção: Marisa Campos de Souza. Revisão: Antonio A. Maia. Coordenação geral: Benedito Caprióglio.
Páginas	120
Dimensões	30,5 x 22,5 cm

	**Sesc Serviço Social do Comércio. 1946-1987 – 41 anos a serviço da paz social**
Ano	1987
Imprenta	São Paulo: Sesc (Serviço Social do Comércio – Administração Regional no Estado de São Paulo), 1987. Fotolitos: Reprolito. Fotocomposição: Reproleizer. Impressão: Grafitto.
Organizador	Planejamento e Direção de arte: Ricardo de B. e Queiroz. Fotografia: Pedro Dantas, Beto Bonorino e Arquivo DN.
Páginas	39
Dimensões	28 x 28 cm

	**Centro Sesc São Paulo: Uma ideia original**
Ano	1997
Imprenta	São Paulo: Sesc (Serviço Social do Comércio) e Companhia Lazuli Editora, 1997.
Organizador	Editor: Miguel de Almeida. Projeto gráfico e capa: Paulo Sayeg. Editoração gráfica: Antonio Barbosa. Pesquisa iconográfica: Francisco J. F. Barroso (Paquito). Preparação do texto: Eduardo Alves da Costa. Revisão final: Francis Rocha. Fotografia: Arquivo Sesc; Francisco J. F. Barroso (Paquito); Gabriel Cabral; Célia Thomé de Souza; Sidney Corallo; Gal Oppido; Penna Prearo; Giuseppe Brizarri; Sit Kong Sang; Pedro Ribeiro; Divulgação; Agência Estado; Nicola Labate.
Páginas	245
Dimensões	29,3 x 29,5 cm

Centro Cultural e Desportivo Sesc Santos

Ano	1989
Imprenta	São Paulo: Sesc (Serviço Social do Comércio – Administração Regional no Estado de São Paulo) e Método Engenharia S. A., 1989.
Organizador	Coordenação da publicação: Gláucia Mercês Amaral de Souza, Henrique Veltman, Jesus Vazquez Pereira. Texto: Rita Dutra Ruschel, Luis Alves Corrêa Pina, Dante Silvestre Neto, Erivelto Busto Garcia. Projeto gráfico: Eron Silva, Lew Parela.
Páginas	173 (66 páginas para fotos p/b – Santos – e 107 coloridas – construção Sesc Santos)
Dimensões	24 x 22 cm

Anexo II: Vocabulário controlado

Os descritores abaixo relacionados não guardam o rigor de um sistema de recuperação de informações (dicionários, ontologias, *thesauri*), mas constituem os alicerces para o encaminhamento das questões propostas pela pesquisa.

DESCRITORES FORMAIS[1]

Quanto à composição do conteúdo visual da fotografia, foram aplicados termos segundo estas categorias de arranjo formal:

ABRANGÊNCIA ESPACIAL (define a abrangência do espaço representado).

Vista aérea
Vista panorâmica
Vista parcial
Vista parcial interna
Vista pontual
Vista pontual interna
Vista externa
Vista interna

---

[1] As definições dos descritores foram extraídas de Carvalho & Lima, *op.cit.*, 1997.

ARRANJO (define o modo como os elementos estão organizados no campo visual).

Arranjo rítmico
O arranjo rítmico é identificado pelo atributo da *cadência* e se define pela repetição regular de um mesmo elemento na imagem.
Arranjo caótico
O arranjo caótico é identificado pelo atributo *profusão* e se define pela presença intensa e desordenada de um mesmo elemento.
Em ambos os casos é clara, em primeiro lugar, a valorização do elemento que tem esse tratamento.
Arranjo discreto
O arranjo discreto é identificado pelo atributo da *sobreposição*, de uso corrente no contexto da linguagem fotográfica. Define-se pela articulação de diferentes elementos figurativos, de modo que aqueles dispostos em primeiro plano encobrem parcialmente os elementos dos demais planos. A sobreposição provoca uma descontinuidade visual, pois para ser percebida com eficiência exige que os elementos estejam claramente separados, ou seja, em planos diferentes e com contornos acentuados. Essa forma de arranjo estabelece uma forte hierarquia no espaço visual e produz efeitos de dramatização.

GESTUALIDADES

Descritores atribuídos exclusivamente à dinâmica corporal, desdobrados em termos que pudessem melhor caracterizar as dinâmicas representadas na fotografia. Para tal, recorreu-se ao *Dicionário Laban*,[2] idealizado por Maria Duschenes, introdutora do método Laban no Brasil. Os movimentos descritos por Laban foram aqui livremente interpretados para descrever as ações dos corpos representados na fotografia.
Movimento dramático
Caracteriza-se por ser um movimento para o palco, artístico.
Movimento funcional
Caracteriza-se por ser um movimento associado à operação de trabalho ou objetivo específico.
Movimento postural
Caracteriza-se por ativar o corpo como um todo. Para Laban, trata-

---

[2]. Sobre Rudolf Laban e seu método LMA de interpretação dos movimentos, cf. Lenira Rengel, *Dicionário Laban*, São Paulo: Anablume, 2003.

-se de movimento associado à expressão de emoções. No caso presente, foi utilizado para caracterizar o corpo em atividade física, mobilizado com a consciência de todas as suas forças (esportes, dança, ginástica).

Movimento gestual

Caracteriza-se por ativar somente partes isoladas do corpo; é um movimento associado à expressão de pensamentos.

Movimento ritual

Associado a rito religioso.

Movimento posado

Associado à *performance* da pose fotográfica.

Movimento passivo

Caracteriza-se pela atitude diante de outra força, se é de entrega. Adotou-se para caracterizar assistências a eventos ou descanso e imobilidade.

Movimento sucessivo

Movimento executado de maneira sequencial. No uso presente, é atribuído para identificar sequência de ações inferidas do quadro fotográfico. Uma fila para recebimento de presentes, por exemplo.

Movimento simultâneo

Para Laban, movimento executado por várias articulações do corpo. No uso presente, é atribuído para caracterizar corpos em distintos movimentos, não passíveis de ser caracterizados um a um.

DESCRITORES ICÔNICOS E TEMÁTICOS

Quanto à identificação dos gêneros fotográficos e dos eventos, assuntos e elementos representados, foram aplicados os seguintes termos segundo as categorias abaixo.

TIPOLOGIA DA IMAGEM (Define o gênero fotográfico)

Paisagem
Paisagem urbana
Retrato

PRESENÇA DE ELEMENTOS – HUMANOS OU CONSTRUÍDOS

Edificação (atribuído exclusivamente quando não há presença humana)
Grupo
Grupos
Pessoa
Pessoas
Multidão

Convencionou-se um número de pessoas para caracterizar grupo, grupos e multidão. Até quatro pessoas, atribui-se "pessoas"; mais do que isso, "grupo"; quando se trata de um núcleo identificado, em ambientes como restaurantes e áreas de convivência, os agrupamentos são designados por "grupos". "Multidão" designa concentração massiva de pessoas; não é o número que define neste caso e sim a intenção do fotógrafo de construir a cena para dar ideia de profusão de pessoas.

ÁREA/SUBÁREA DE ATUAÇÃO Sesc (definido a partir da classificação adotada pelo Sesc)

Cultura: artes visuais
Cultura: cinema
Cultura: dança
Cultura: música
Cultura: teatro
Educação
Saúde
Saúde: cardiologia
Saúde: alimentação
Saúde: clínica geral
Saúde: esportes
Saúde: laboratório
Saúde: odontologia
Saúde: oftalmologia
Saúde: otorrino
Saúde: pediatria
Saúde: radiologia
Lazer

Festividades (definido para isolar eventos como inaugurações, aniversários, festas religiosas, formaturas).

TIPOLOGIA/IDENTIFICAÇÃO DO ESPAÇO FÍSICO E DO EVENTO

Os termos referentes a essas categorias são de uso livre. Servem para isolar conjuntos específicos. Nos gráficos só foram expressos os termos da tipologia do espaço físico, aglutinados em áreas de trabalho, áreas de serviços e *espaços naturais*. A identificação do espaço físico reúne localidades, nomes de unidades do Sesc, de grêmios, clubes, teatros etc.

A identificação do evento foi realizada quando possível – missa, torneio esportivo, espetáculo de dança, assim por diante. Não foram contabilizados, serviram para a posterior recuperação da informação.

ELEMENTO ICÔNICO CATALISADOR/VETOR

Este descritor procura dar conta do elemento que hierarquiza os demais elementos da imagem, ou indica para o leitor qual o foco ou tema principal. No caso, por exemplo, da fotografia posada, o elemento catalisador é o fotógrafo, para o qual todos se voltam na pose. O elemento catalisador pode ser um objeto ou a cena de uma peça de teatro, quando o fotógrafo opta por registrar apenas a audiência. Pode estar fora ou dentro do quadro fotográfico. A listagem de elementos catalisadores é extensa e não consta aqui. Tal como para a categoria *tipologia/identificação do espaço físico e do evento*, o seu uso é livre. Na quantificação e nos gráficos, os elementos catalisadores foram aglutinados em *objetos*, *atividades* e *personagens*.

Anexo III: Gráficos por publicação

SÉRIE ICONOGRÁFICA REVISTAS PERIÓDICAS

SESC EM MARCHA (1949-1951)
TOTAL DE IMAGENS 100

DESCRITORES FORMAIS

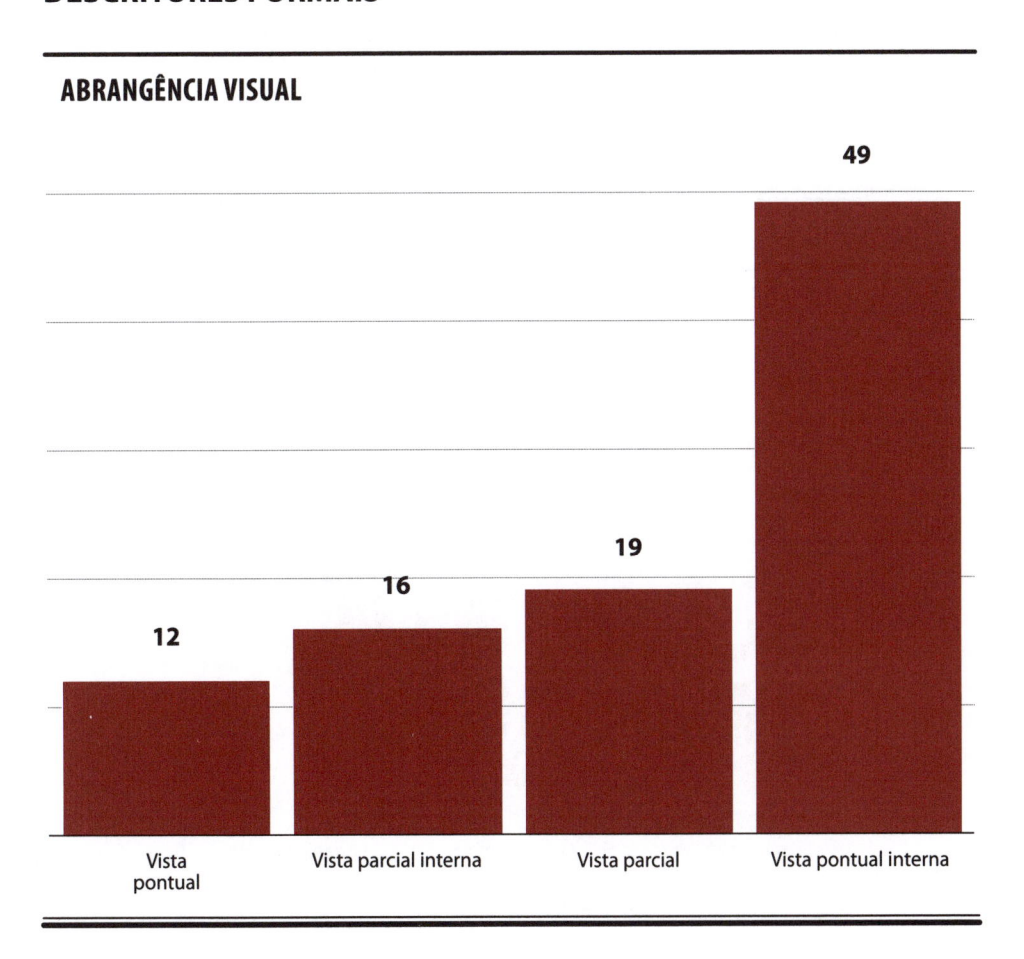

ABRANGÊNCIA VISUAL

Vista pontual	Vista parcial interna	Vista parcial	Vista pontual interna
12	16	19	49

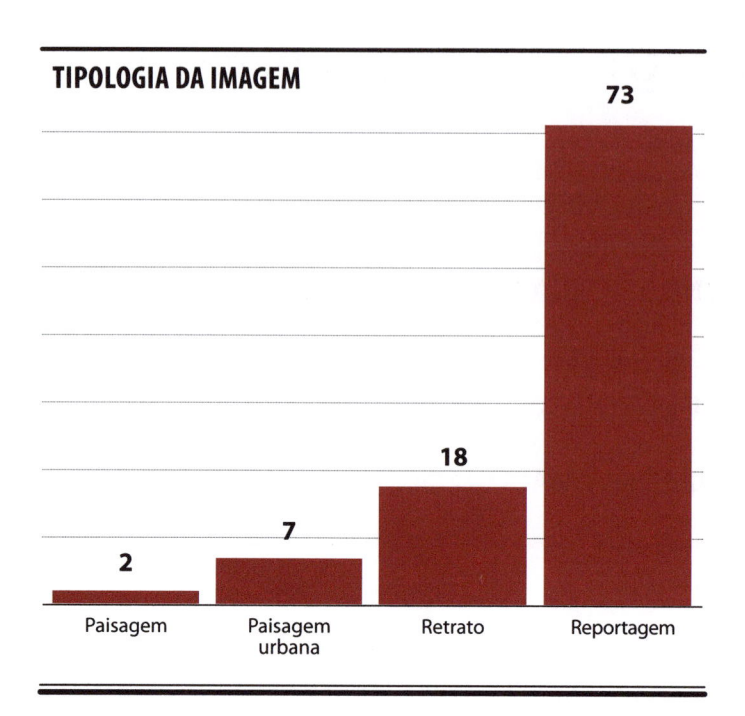

TIPOLOGIA DA IMAGEM

Paisagem	Paisagem urbana	Retrato	Reportagem
2	7	18	73

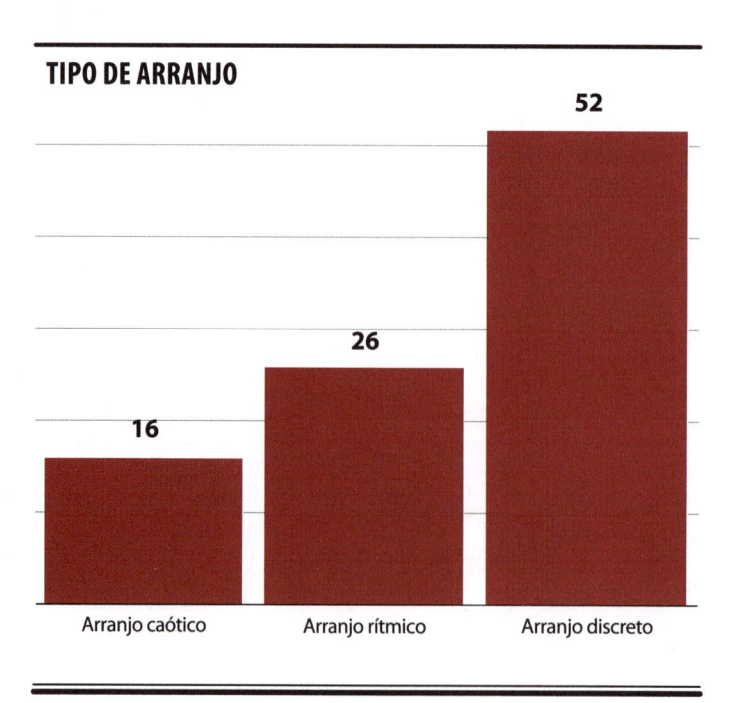

TIPO DE ARRANJO

Arranjo caótico	Arranjo rítmico	Arranjo discreto
16	26	52

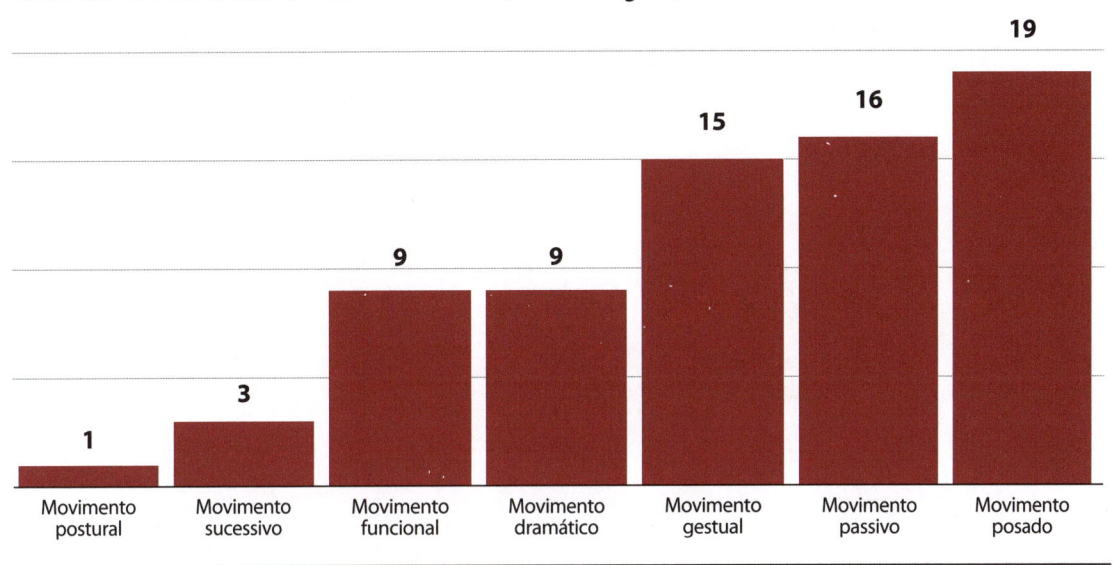

EFEITOS: TIPO DE ATIVIDADE REPRESENTADA (em 72 imagens)

Tipo	Quantidade
Movimento postural	1
Movimento sucessivo	3
Movimento funcional	9
Movimento dramático	9
Movimento gestual	15
Movimento passivo	16
Movimento posado	19

DESCRITORES ICÔNICOS E TEMAS

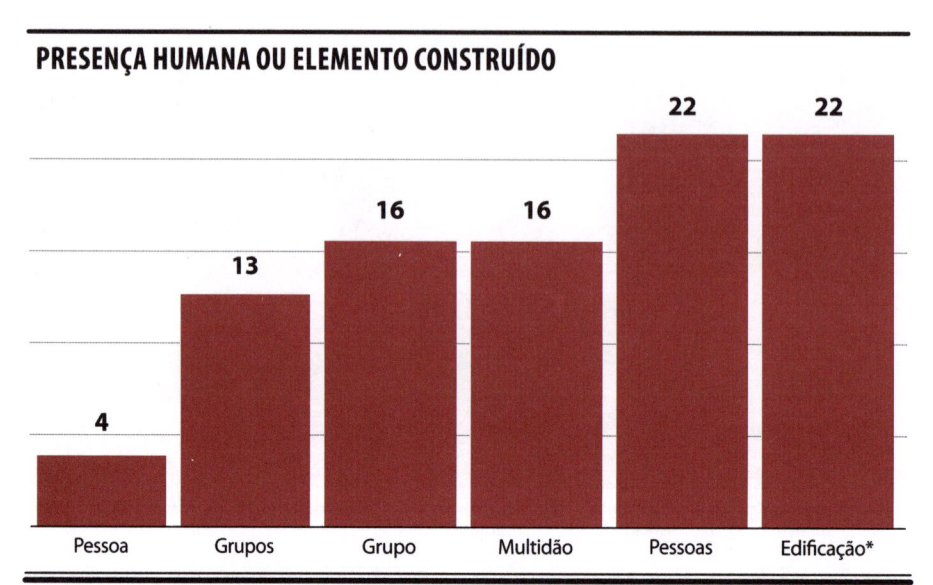

PRESENÇA HUMANA OU ELEMENTO CONSTRUÍDO

Pessoa	Grupos	Grupo	Multidão	Pessoas	Edificação*
4	13	16	16	22	22

*QUANDO NÃO HÁ ELEMENTO HUMANO

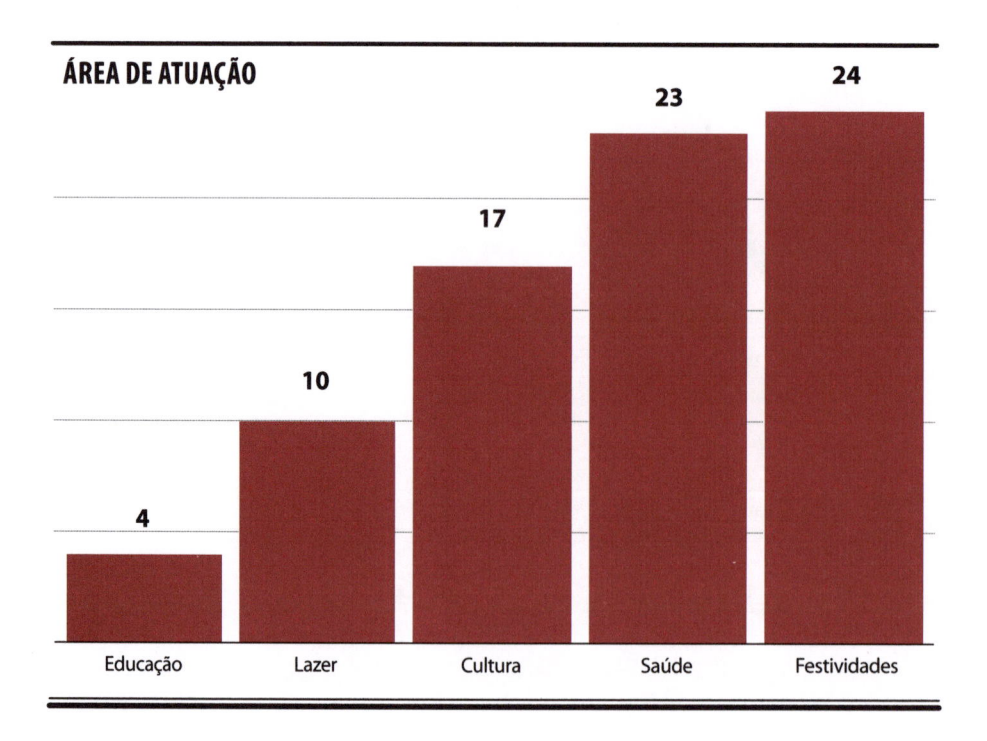

ÁREA DE ATUAÇÃO

Educação	Lazer	Cultura	Saúde	Festividades
4	10	17	23	24

TIPOLOGIA DO ESPAÇO FÍSICO

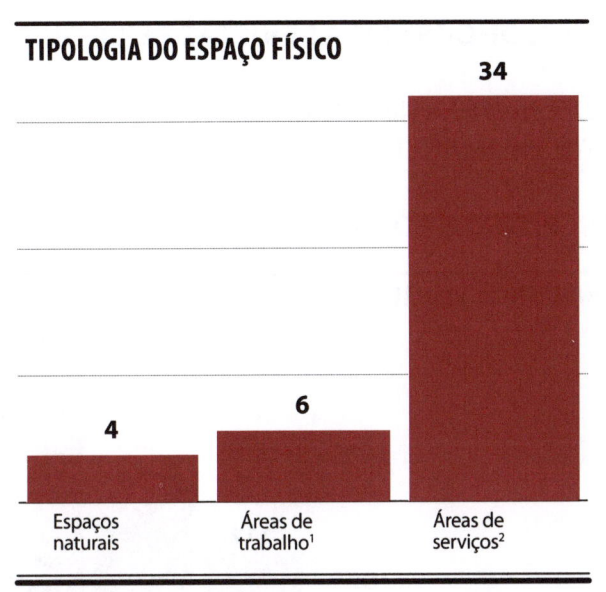

- Espaços naturais: 4
- Áreas de trabalho[1]: 6
- Áreas de serviços[2]: 34

[1] CONSULTÓRIOS, ESCRITÓRIOS, SALAS DE REUNIÕES, SALA DE ESPERA, COZINHA, COPA ETC.

[2] ÁREAS DE CONVIVÊNCIAS, SERVIÇOS AO COMERCIÁRIO, TEATRO, PARQUES, ETC.

ELEMENTO ICÔNICO CATALISADOR/VETOR (Pode estar fora ou dentro do quadro fotográfico)

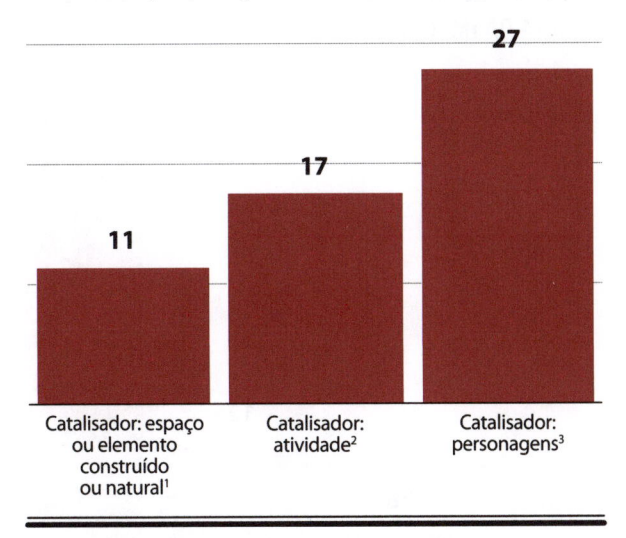

- Catalisador: espaço ou elemento construído ou natural[1]: 11
- Catalisador: atividade[2]: 17
- Catalisador: personagens[3]: 27

[1] PALCO, PISCINA, PLATEIA, PRAIA, ESTRUTURAS ARQUITETÔNICAS, COQUEIROS

[2] LÚDICA, SOCIAL, ESPORTIVA OU CULTURAL TAIS COMO JOGOS, LEITURA, BRINCADEIRAS, FRUIÇÃO ESTÉTICA, ALMOÇO, CENA

[3] PROFESSOR, PALESTRANTE, PACIENTE, ATOR, FOTÓGRAFO

SÉRIE ICONOGRÁFICA REVISTAS PERIÓDICAS

REVISTA DO COMERCIÁRIO (1956-1960)
TOTAL DE IMAGENS 702

DESCRITORES FORMAIS

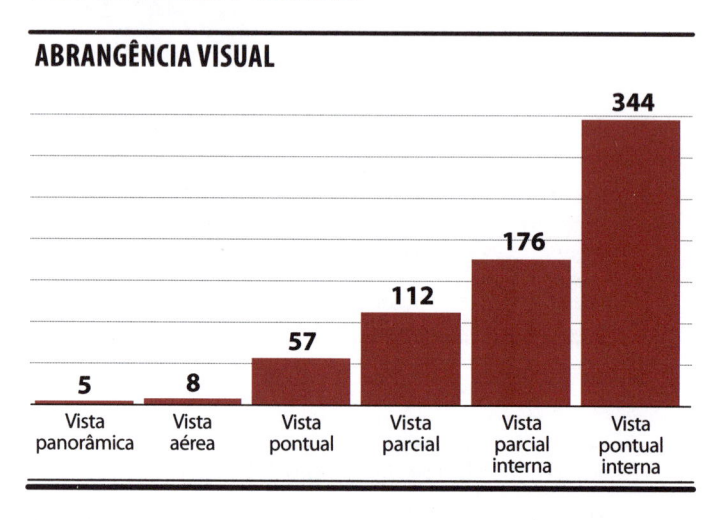

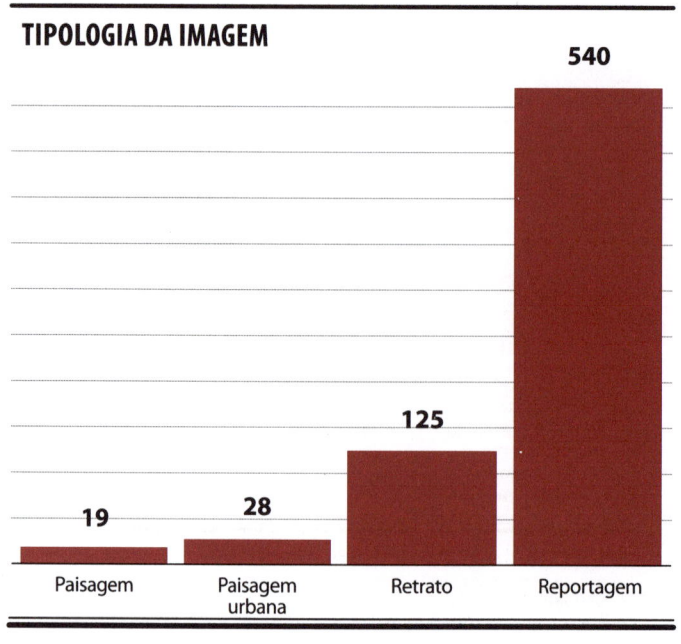

ABRANGÊNCIA VISUAL

Categoria	Valor
Vista panorâmica	5
Vista aérea	8
Vista pontual	57
Vista parcial	112
Vista parcial interna	176
Vista pontual interna	344

TIPOLOGIA DA IMAGEM

Categoria	Valor
Paisagem	19
Paisagem urbana	28
Retrato	125
Reportagem	540

TIPO DE ARRANJO

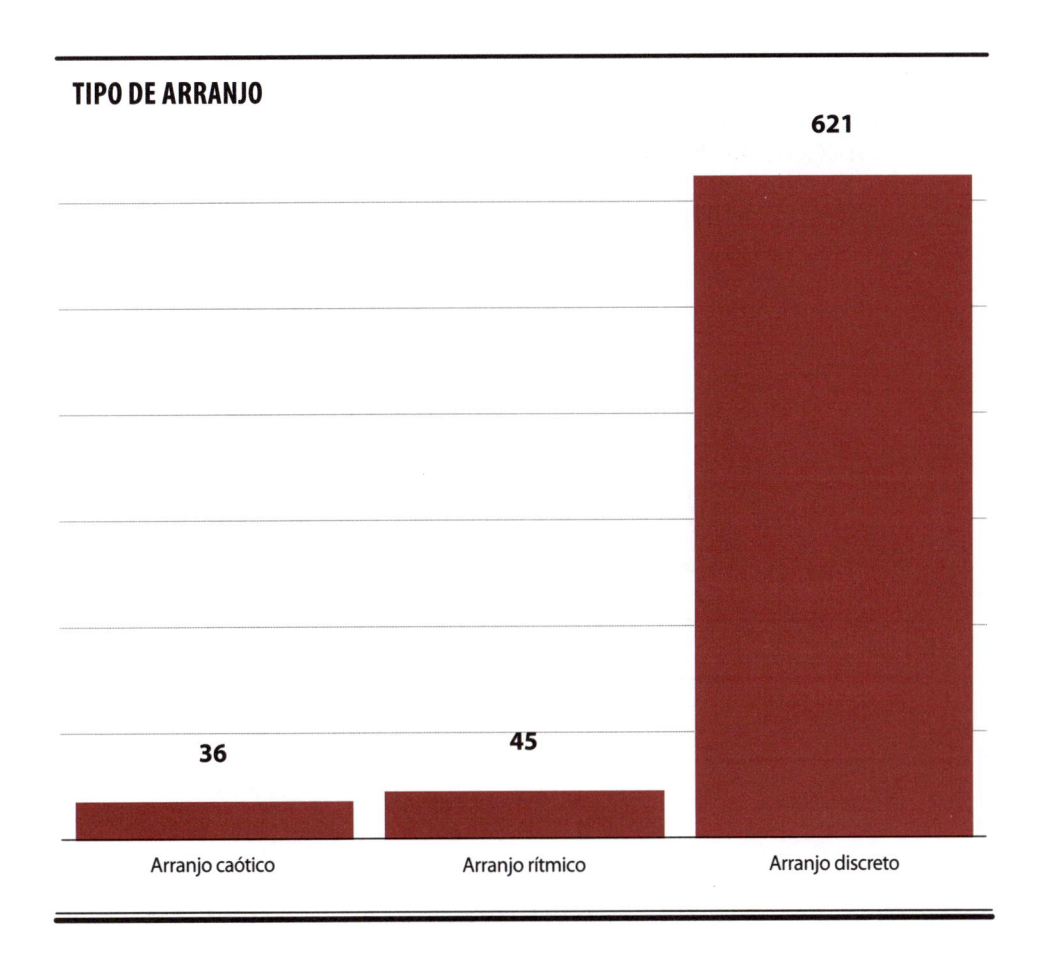

Arranjo caótico	Arranjo rítmico	Arranjo discreto
36	45	621

EFEITOS: TIPO DE ATIVIDADE REPRESENTADA (em 495 imagens)

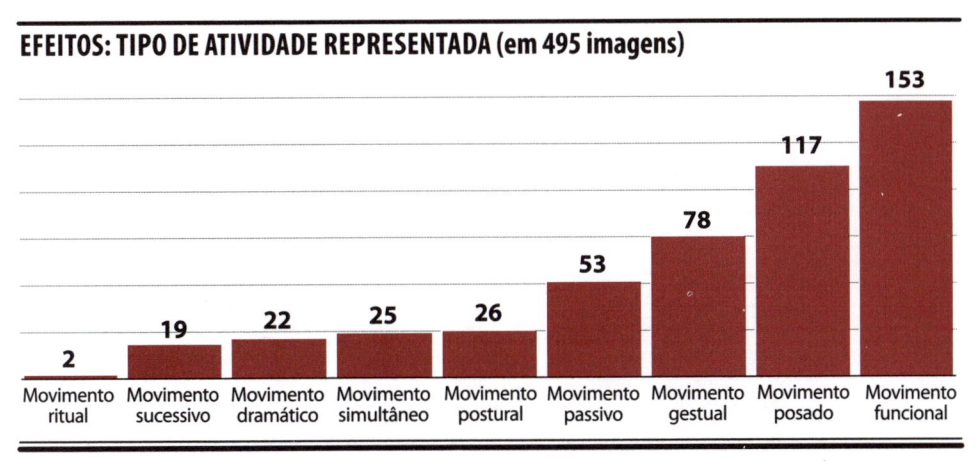

Movimento ritual	Movimento sucessivo	Movimento dramático	Movimento simultâneo	Movimento postural	Movimento passivo	Movimento gestual	Movimento posado	Movimento funcional
2	19	22	25	26	53	78	117	153

DESCRITORES ICÔNICOS E TEMAS

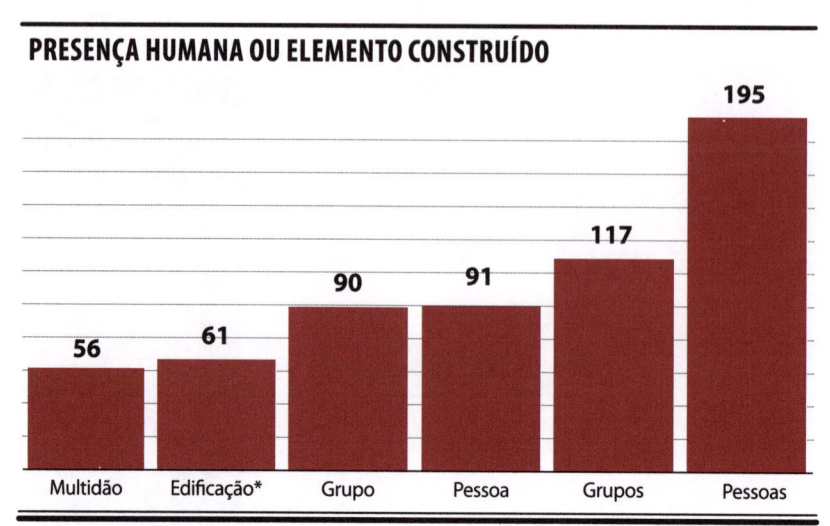

PRESENÇA HUMANA OU ELEMENTO CONSTRUÍDO

Multidão	Edificação*	Grupo	Pessoa	Grupos	Pessoas
56	61	90	91	117	195

*QUANDO NÃO HÁ ELEMENTO HUMANO

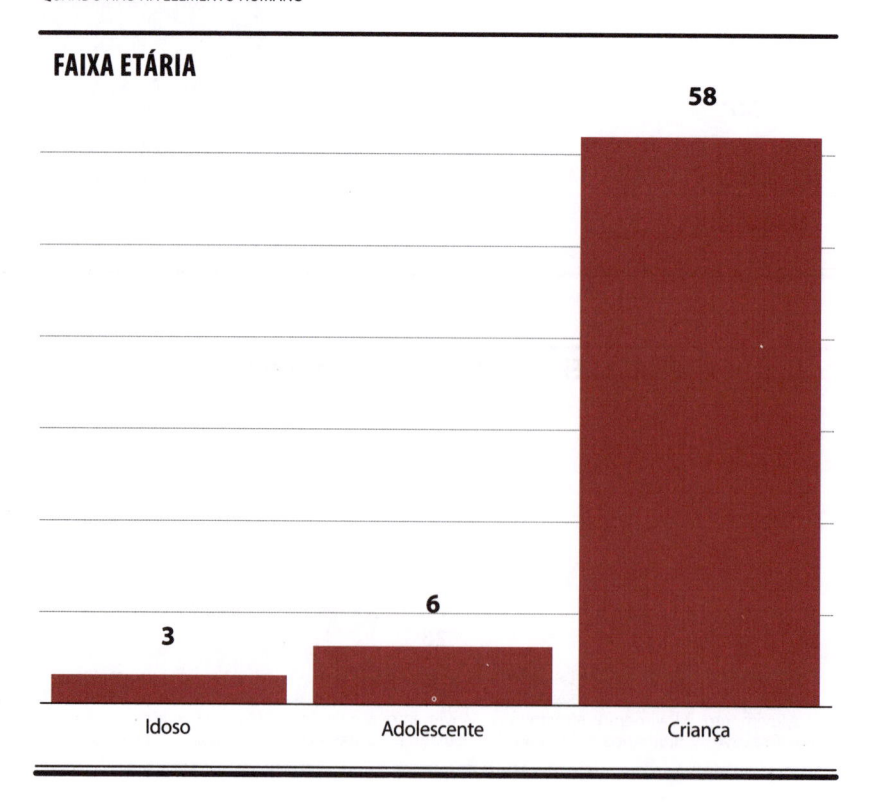

FAIXA ETÁRIA

Idoso	Adolescente	Criança
3	6	58

ÁREA DE ATUAÇÃO

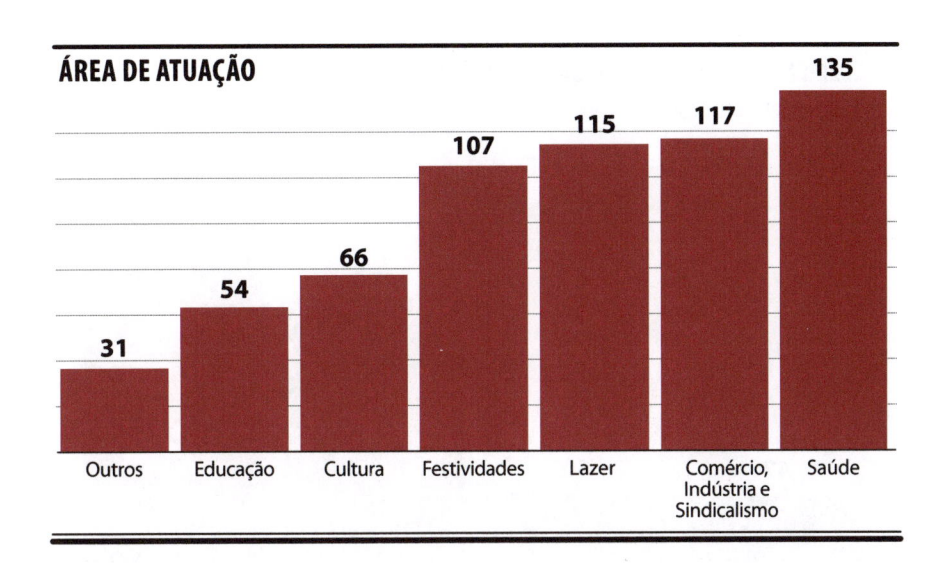

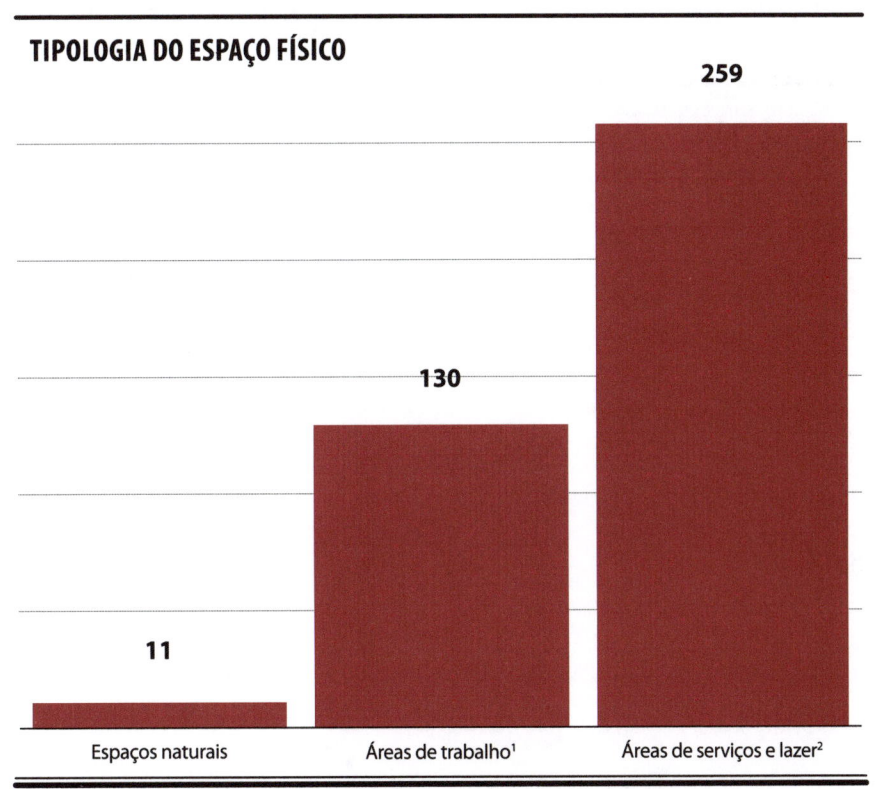

Categoria	Valor
Outros	31
Educação	54
Cultura	66
Festividades	107
Lazer	115
Comércio, Indústria e Sindicalismo	117
Saúde	135

TIPOLOGIA DO ESPAÇO FÍSICO

Categoria	Valor
Espaços naturais	11
Áreas de trabalho[1]	130
Áreas de serviços e lazer[2]	259

[1] CONSULTÓRIOS, ESCRITÓRIOS, SALAS DE REUNIÕES, LABORATÓRIOS, ARMAZÉNS, COZINHA, SALA DE ESPERA ETC.
[2] PALCOS, PLATEIAS, ÁREA DE CONVIVÊNCIA, BIBLIOTECA, COLÔNIA DE FÉRIAS, ESTÁDIO, PISCINA ETC.

ELEMENTO ICÔNICO CATALISADOR/VETOR
(Pode estar fora ou dentro do quadro fotográfico)

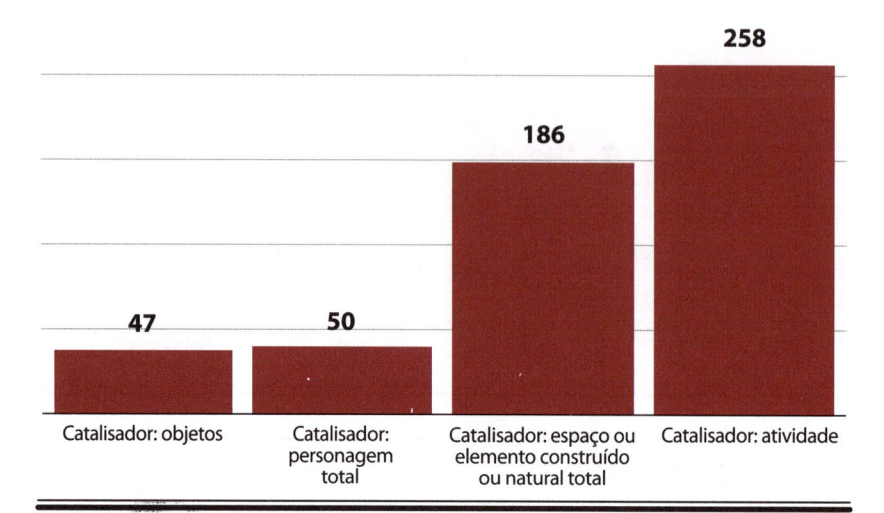

Categoria	Valor
Catalisador: objetos	47
Catalisador: personagem total	50
Catalisador: espaço ou elemento construído ou natural total	186
Catalisador: atividade	258

[1] BRINQUEDOS, TROFÉUS, FERRAMENTAS, MÁQUINAS, MOBILIÁRIO

[2] PROFESSOR, PALESTRANTE, PACIENTE, ATOR, FOTÓGRAFO

[3] PALCO, PISCINA, PLATEIA, PRAIA, ESTRUTURAS ARQUITETÔNICAS, COQUEIROS

[4] LÚDICA, SOCIAL, ESPORTIVA OU CULTURAL TAIS COMO JOGOS, LEITURA, BRINCADEIRAS, FRUIÇÃO ESTÉTICA, ALMOÇO, CENA TEATRAL OU MUSICAL

SÉRIE ICONOGRÁFICA LIVROS COMEMORATIVOS

SESC SERVIÇO SOCIAL DO COMÉRCIO /
SENAC – SERVIÇO NACIONAL DE APRENDIZAGEM COMERCIAL (1980)
TOTAL DE IMAGENS 119

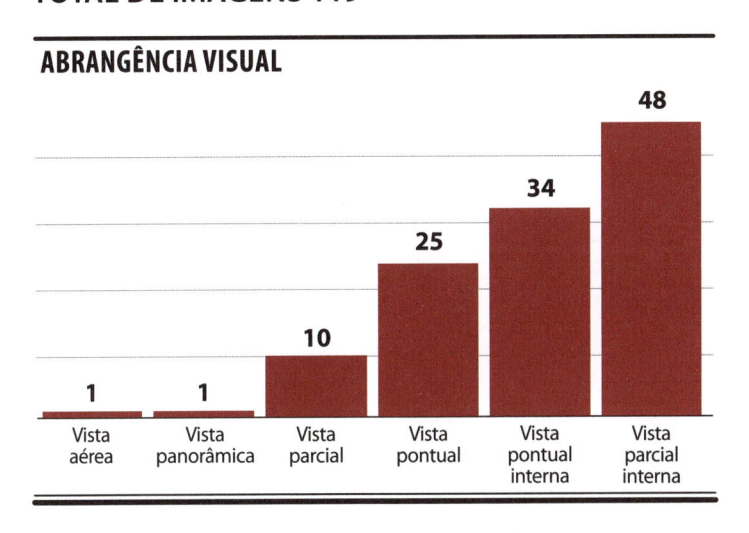

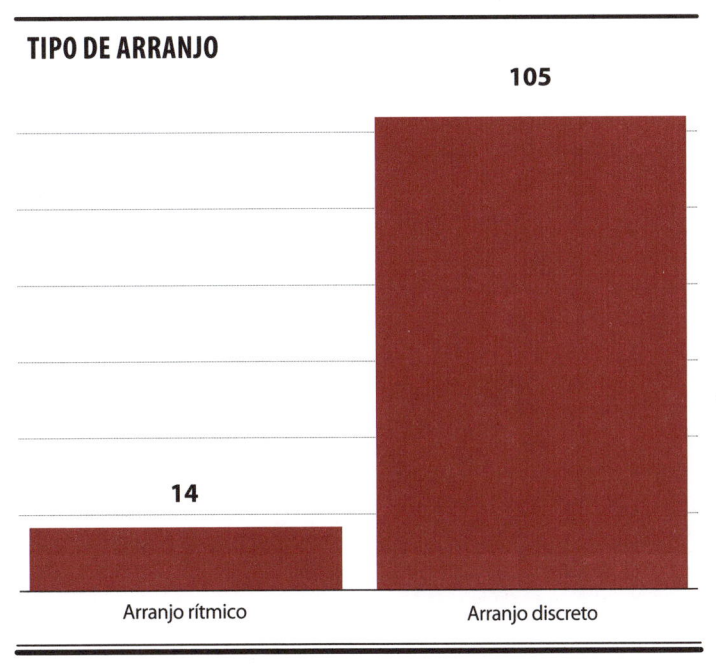

ABRANGÊNCIA VISUAL

Vista aérea	Vista panorâmica	Vista parcial	Vista pontual	Vista pontual interna	Vista parcial interna
1	1	10	25	34	48

TIPO DE ARRANJO

Arranjo rítmico	Arranjo discreto
14	105

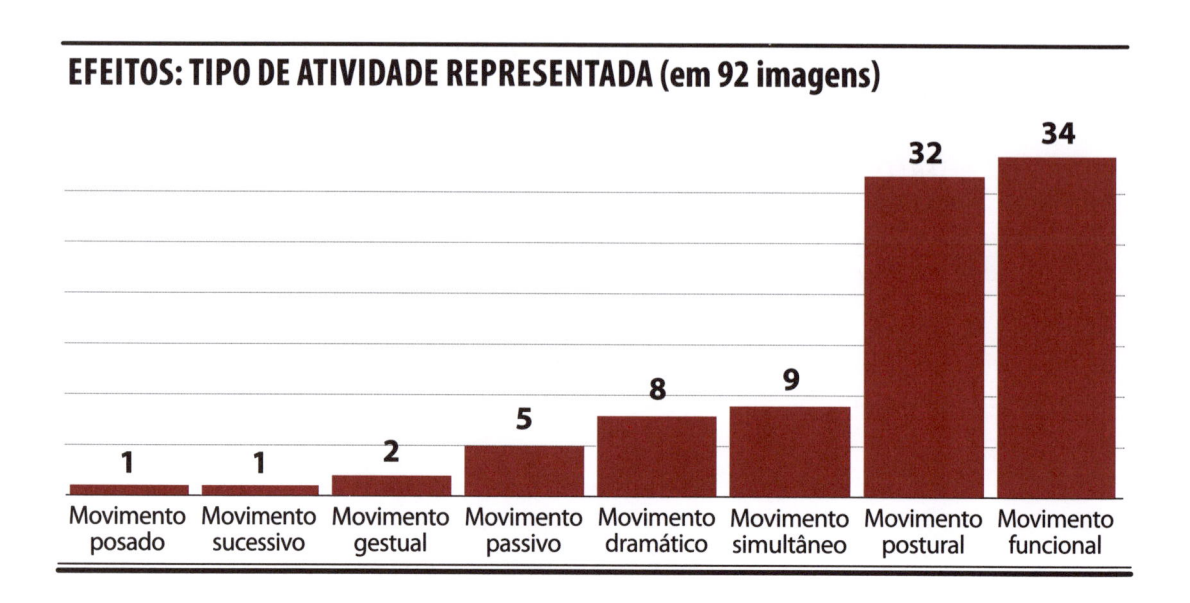

EFEITOS: TIPO DE ATIVIDADE REPRESENTADA (em 92 imagens)

Tipo	Quantidade
Movimento posado	1
Movimento sucessivo	1
Movimento gestual	2
Movimento passivo	5
Movimento dramático	8
Movimento simultâneo	9
Movimento postural	32
Movimento funcional	34

DESCRITORES ICÔNICOS E TEMAS

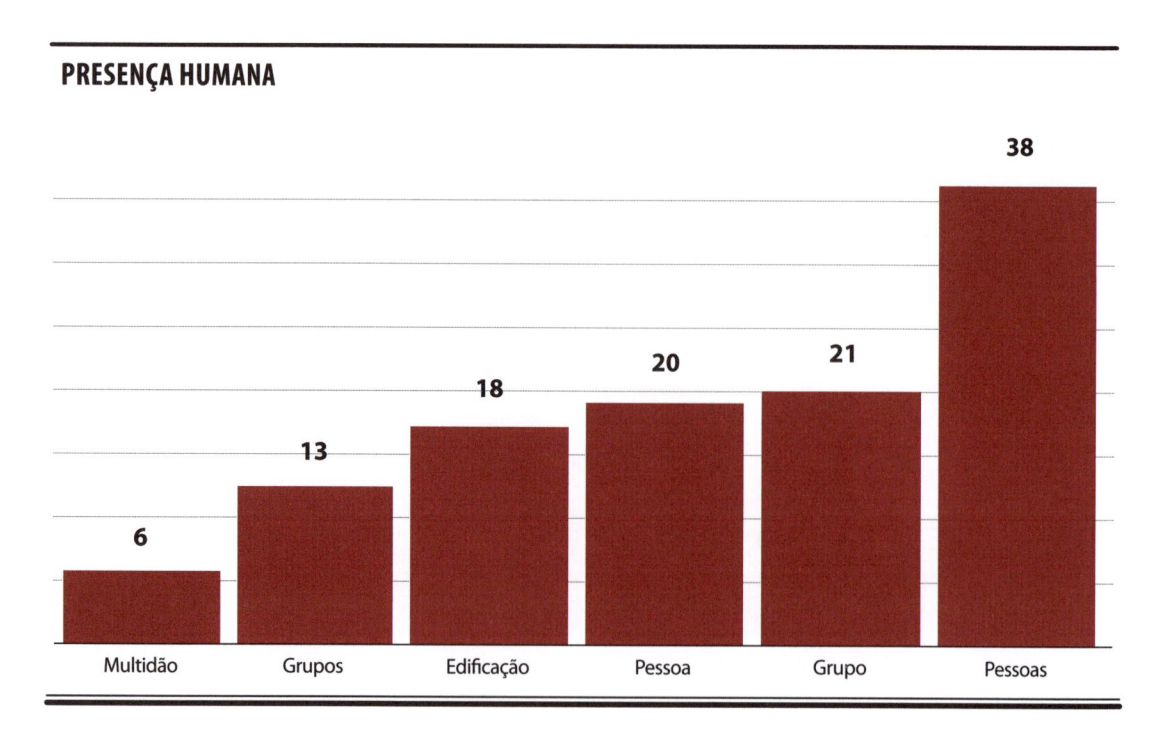

PRESENÇA HUMANA

Tipo	Quantidade
Multidão	6
Grupos	13
Edificação	18
Pessoa	20
Grupo	21
Pessoas	38

FAIXA ETÁRIA

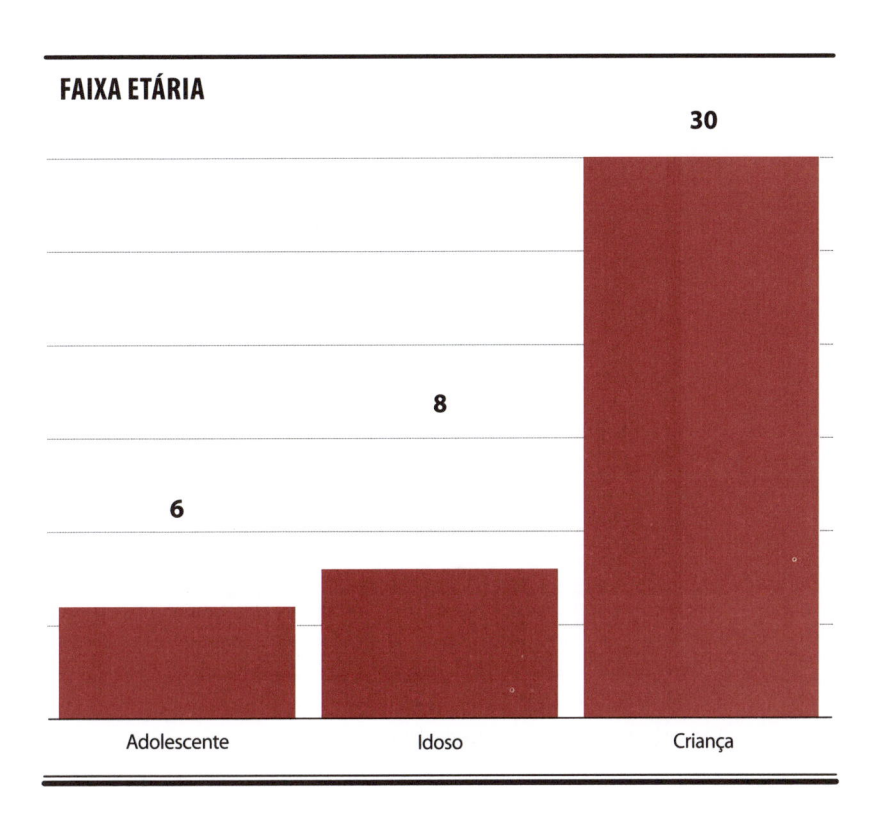

Adolescente	Idoso	Criança
6	8	30

ÁREA DE ATUAÇÃO

Educação	Arquitetura	Cultura	Lazer	Saúde
12	15	22	23	38

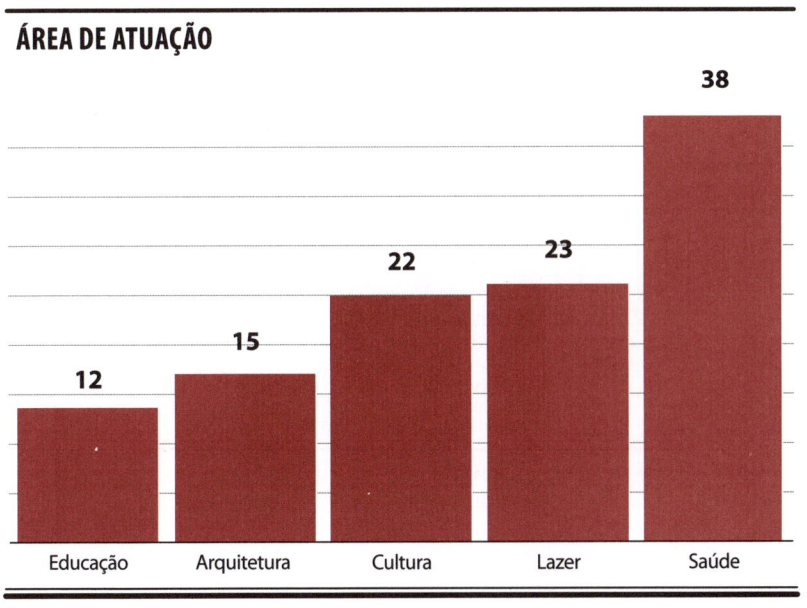

TIPOLOGIA DO ESPAÇO FÍSICO

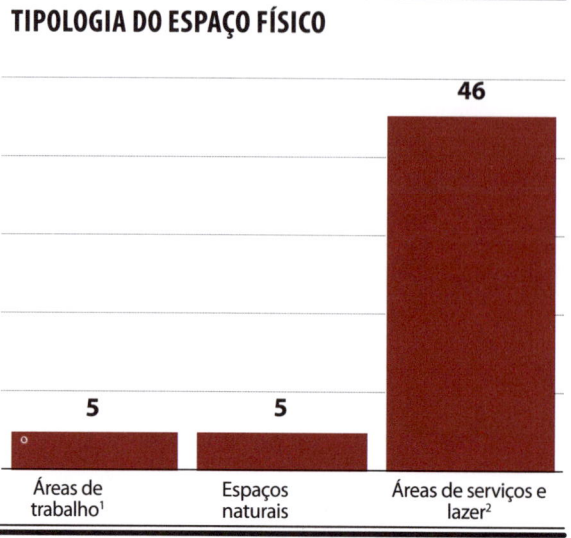

Áreas de trabalho[1]	Espaços naturais	Áreas de serviços e lazer[2]
5	5	46

[1] CONSULTÓRIOS, ESCRITÓRIOS, SALAS DE REUNIÕES, LABORATÓRIOS, ARMAZÉNS, COZINHA, SALA DE ESPERA ETC.

[2] PALCOS, PLATEIAS, ÁREA DE CONVIVÊNCIA, BIBLIOTECA, COLÔNIA DE FÉRIAS, ESTÁDIO, PISCINA ETC.

ELEMENTO ICÔNICO CATALISADOR/VETOR

Pode estar fora ou dentro do quadro fotográfico

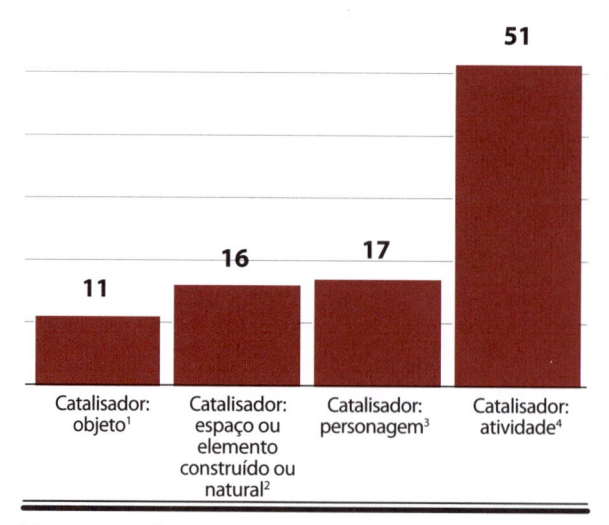

Catalisador: objeto[1]	Catalisador: espaço ou elemento construído ou natural[2]	Catalisador: personagem[3]	Catalisador: atividade[4]
11	16	17	51

[1] BRINQUEDOS, TROFÉUS, FERRAMENTAS, MÁQUINAS, MOBILIÁRIO

[2] PALCO, PISCINA, PLATEIA, PRAIA, ESTRUTURAS ARQUITETÔNICAS, COQUEIROS

[3] PROFESSOR, PALESTRANTE, PACIENTE, ATOR, FOTÓGRAFO

[4] LÚDICA, SOCIAL, ESPORTIVA OU CULTURAL TAIS COMO JOGOS, LEITURA, BRINCADEIRAS, FRUIÇÃO ESTÉTICA, ALMOÇO, CENA TEATRAL OU MUSICAL

SÉRIE ICONOGRÁFICA LIVROS COMEMORATIVOS

SESC SÃO PAULO (1946-1987). 41 ANOS A SERVIÇO DA PAZ SOCIAL (1987)
TOTAL DE IMAGENS 50

DESCRITORES FORMAIS

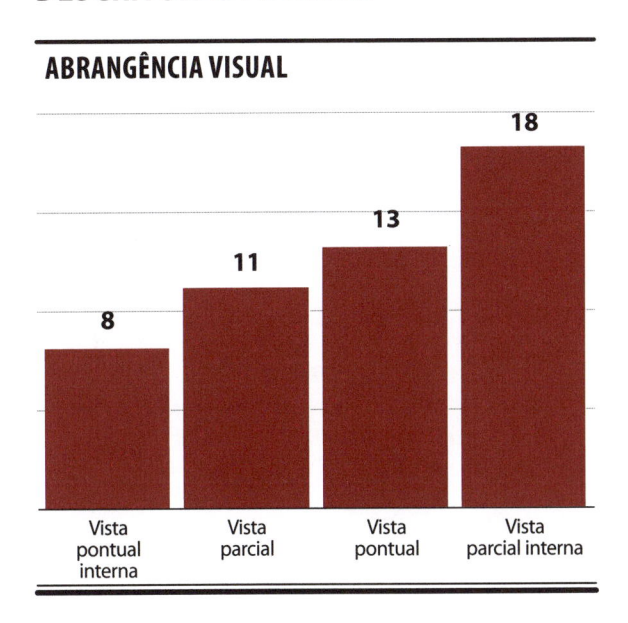

ABRANGÊNCIA VISUAL

Vista pontual interna	Vista parcial	Vista pontual	Vista parcial interna
8	11	13	18

TIPOLOGIA DA IMAGEM

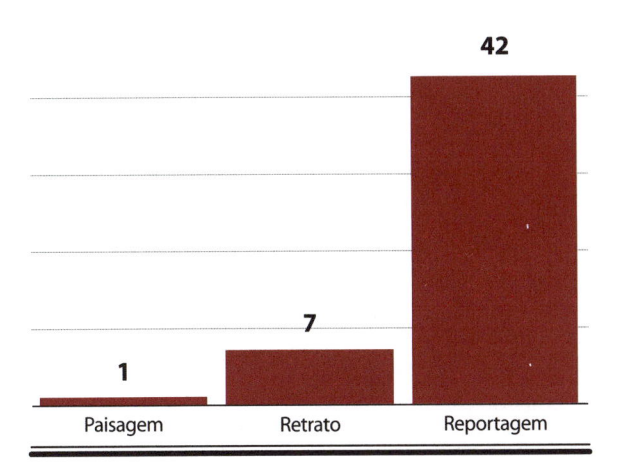

Paisagem	Retrato	Reportagem
1	7	42

TIPO DE ARRANJO

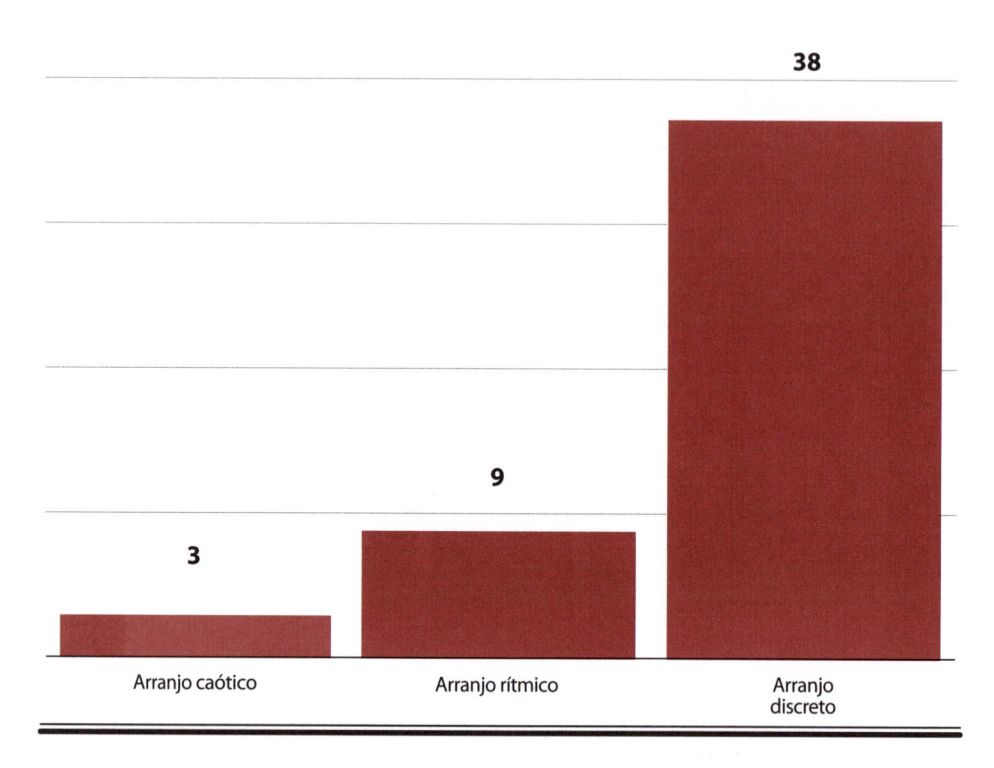

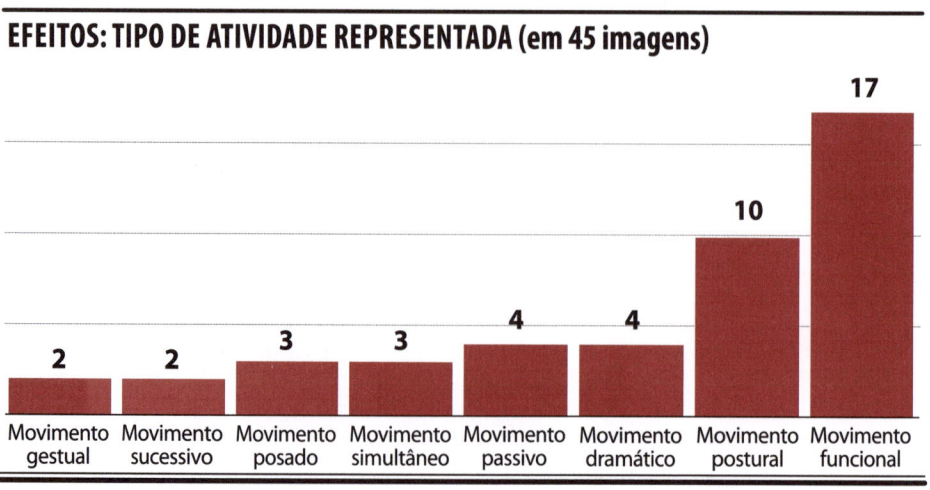

- Arranjo caótico: 3
- Arranjo rítmico: 9
- Arranjo discreto: 38

EFEITOS: TIPO DE ATIVIDADE REPRESENTADA (em 45 imagens)

- Movimento gestual: 2
- Movimento sucessivo: 2
- Movimento posado: 3
- Movimento simultâneo: 3
- Movimento passivo: 4
- Movimento dramático: 4
- Movimento postural: 10
- Movimento funcional: 17

DESCRITORES ICÔNICOS E TEMAS

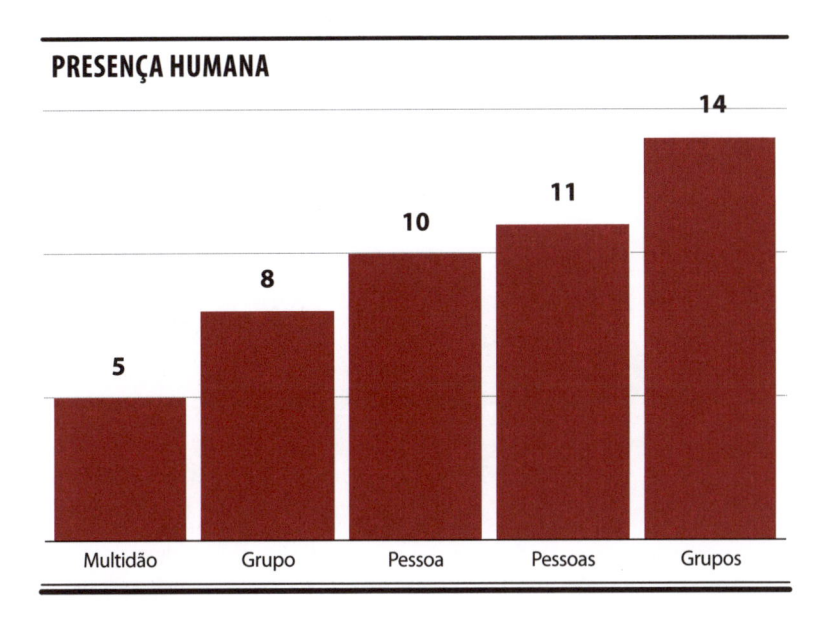

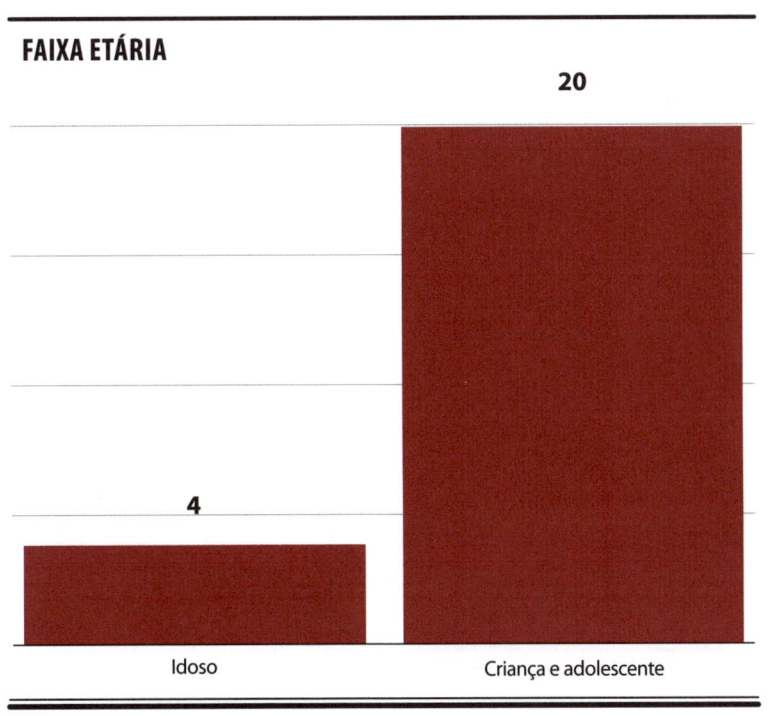

PRESENÇA HUMANA

Multidão	Grupo	Pessoa	Pessoas	Grupos
5	8	10	11	14

FAIXA ETÁRIA

Idoso	Criança e adolescente
4	20

ÁREA DE ATUAÇÃO

Educação	Saúde	Lazer	Cultura
8	12	12	19

TIPOLOGIA DO ESPAÇO FÍSICO

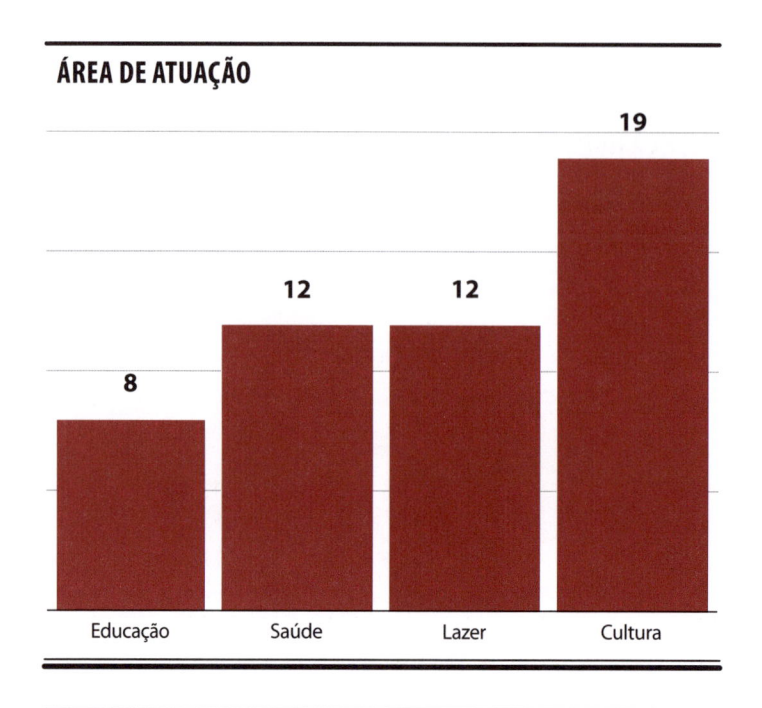

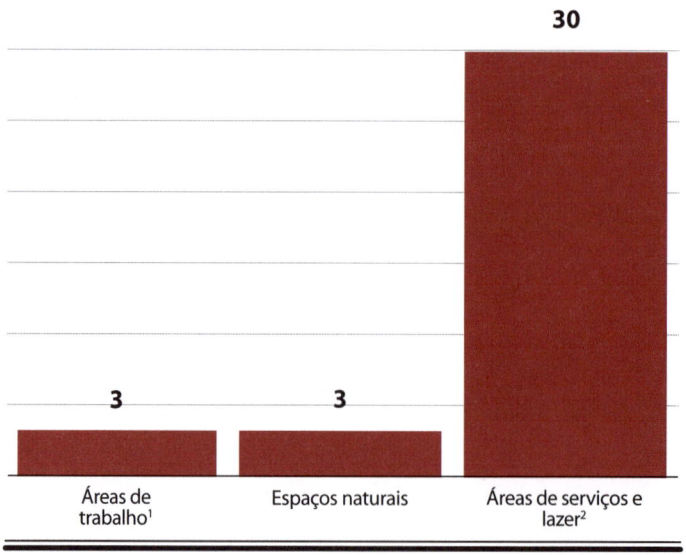

Áreas de trabalho[1]	Espaços naturais	Áreas de serviços e lazer[2]
3	3	30

[1] CONSULTÓRIOS, ESCRITÓRIOS, SALAS DE REUNIÕES, LABORATÓRIOS, ARMAZÉNS, COZINHA, SALA DE ESPERA ETC.
[2] PALCOS, PLATEIAS, ÁREA DE CONVIVÊNCIA, BIBLIOTECA, COLÔNIA DE FÉRIAS, ESTÁDIO, PISCINA ETC.

ELEMENTO ICÔNICO CATALISADOR/VETOR
(Pode estar fora ou dentro do quadro fotográfico)

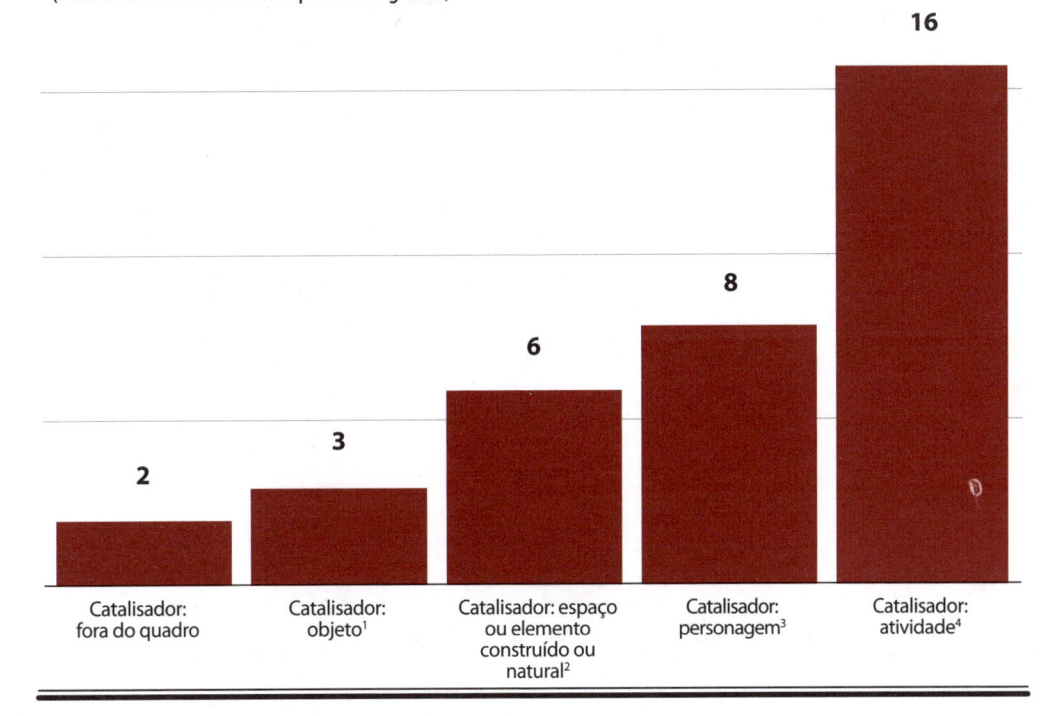

Catalisador: fora do quadro	Catalisador: objeto[1]	Catalisador: espaço ou elemento construído ou natural[2]	Catalisador: personagem[3]	Catalisador: atividade[4]
2	3	6	8	16

[1] BRINQUEDOS, TROFÉUS, FERRAMENTAS, MÁQUINAS, MOBILIÁRIO
[2] PALCO, PISCINA, PLATEIA, PRAIA, ESTRUTURAS ARQUITETÔNICAS, COQUEIROS
[3] PROFESSOR, PALESTRANTE, PACIENTE, ATOR, FOTÓGRAFO
[4] LÚDICA, SOCIAL, ESPORTIVA OU CULTURAL TAIS COMO JOGOS, LEITURA, BRINCADEIRAS, FRUIÇÃO ESTÉTICA, ALMOÇO, CENA TEATRAL OU MUSICAL

SÉRIE ICONOGRÁFICA LIVROS COMEMORATIVOS

SESC SANTOS
TOTAL DE IMAGENS 94

DESCRITORES FORMAIS

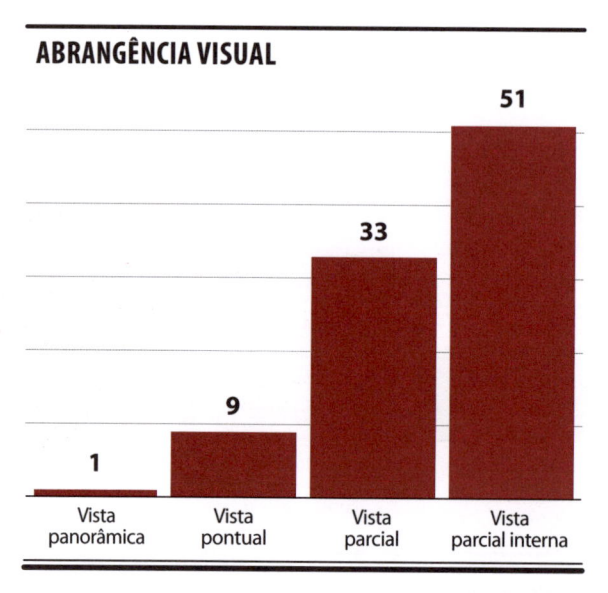

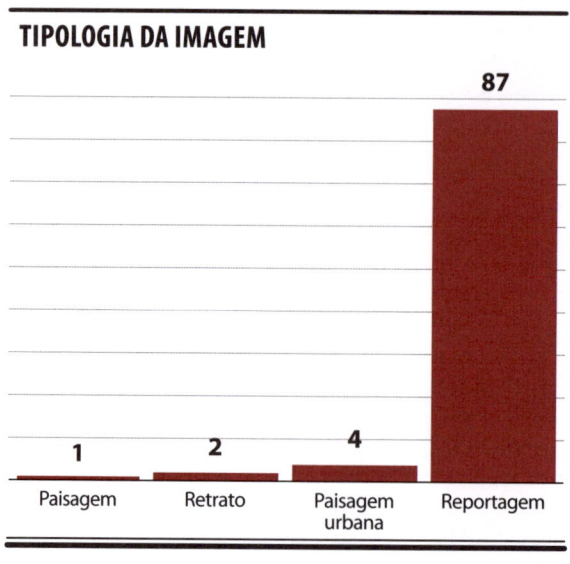

ABRANGÊNCIA VISUAL

Vista panorâmica	Vista pontual	Vista parcial	Vista parcial interna
1	9	33	51

TIPOLOGIA DA IMAGEM

Paisagem	Retrato	Paisagem urbana	Reportagem
1	2	4	87

TIPO DE ARRANJO

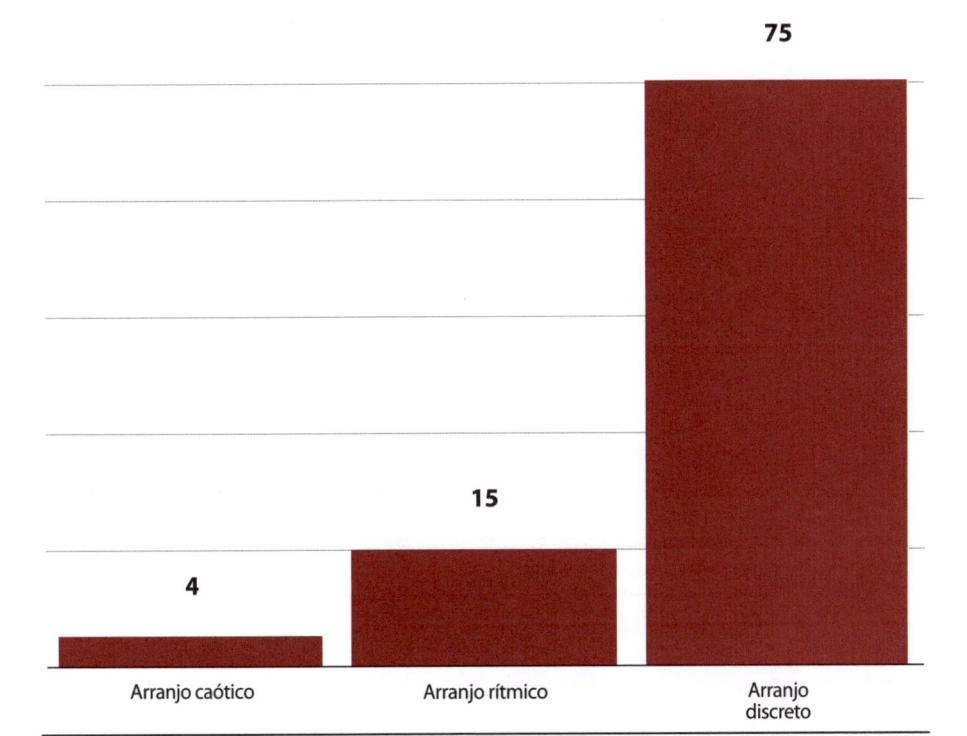

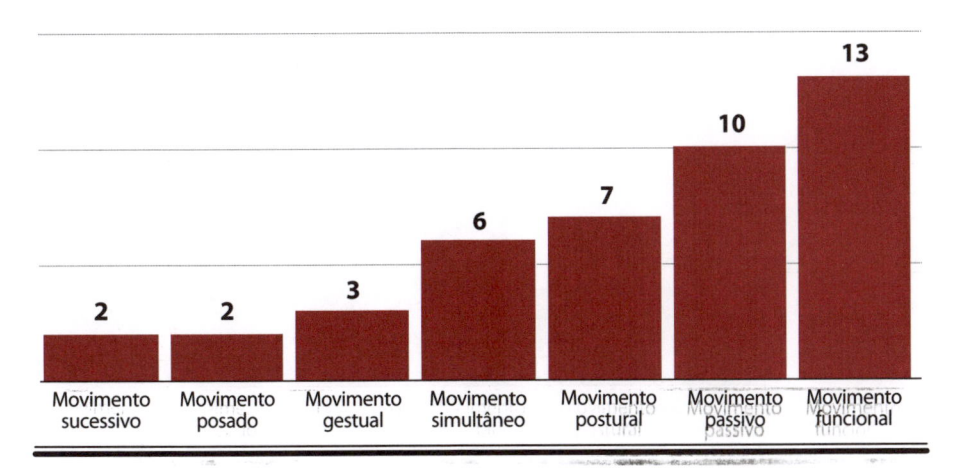

Arranjo caótico	Arranjo rítmico	Arranjo discreto
4	15	75

EFEITOS: TIPO DE ATIVIDADE REPRESENTADA (em 43 imagens)

Movimento sucessivo	Movimento posado	Movimento gestual	Movimento simultâneo	Movimento postural	Movimento passivo	Movimento funcional
2	2	3	6	7	10	13

DESCRITORES ICÔNICOS E TEMAS

PRESENÇA HUMANA OU ELEMENTO CONSTRUÍDO

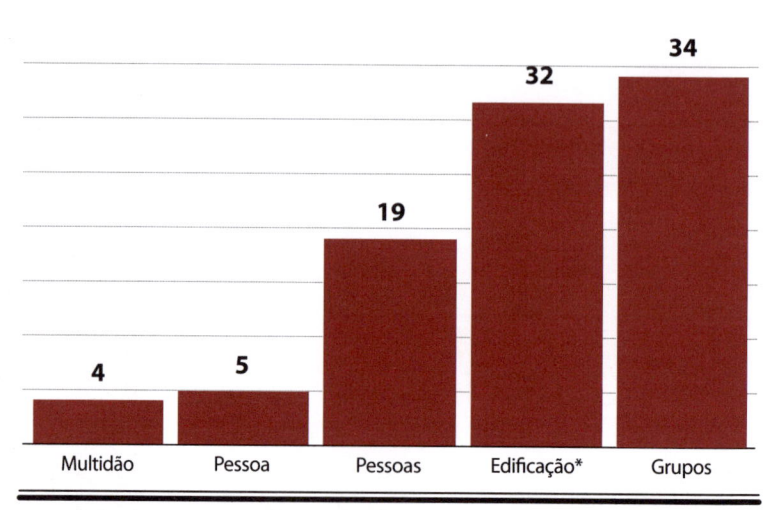

Multidão	Pessoa	Pessoas	Edificação*	Grupos
4	5	19	32	34

*QUANDO NÃO HÁ ELEMENTO HUMANO

FAIXA ETÁRIA

Adolescente	Idoso	Criança
3	6	15

ÁREA DE ATUAÇÃO

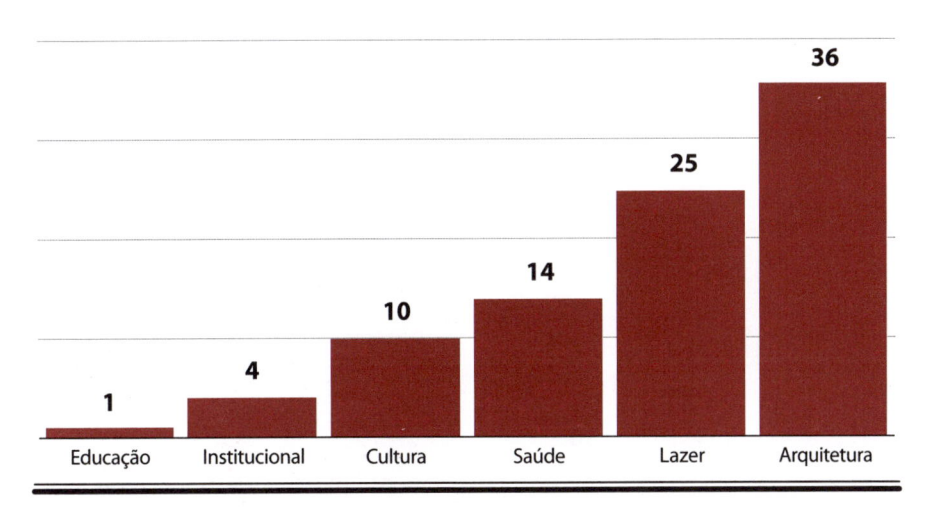

Educação	Institucional	Cultura	Saúde	Lazer	Arquitetura
1	4	10	14	25	36

TIPOLOGIA DO ESPAÇO FÍSICO

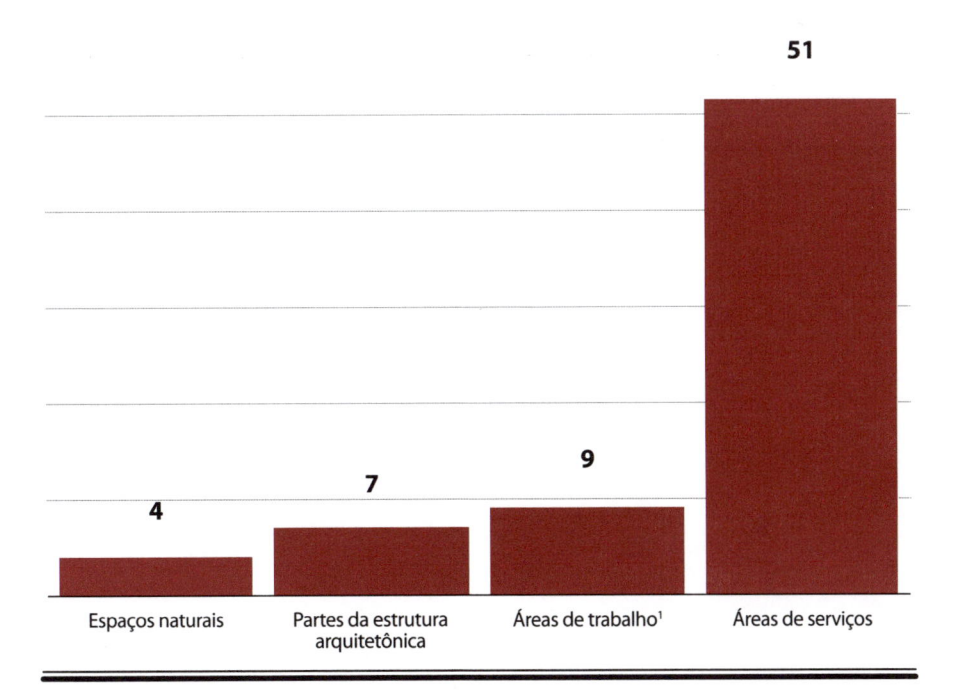

Espaços naturais	Partes da estrutura arquitetônica	Áreas de trabalho[1]	Áreas de serviços
4	7	9	51

[1] CONSULTÓRIOS, ESCRITÓRIOS, SALAS DE REUNIÕES, SALA DE ESPERA, ETC.

ELEMENTO ICÔNICO CATALISADOR/VETOR
Pode estar fora ou dentro do quadro fotográfico

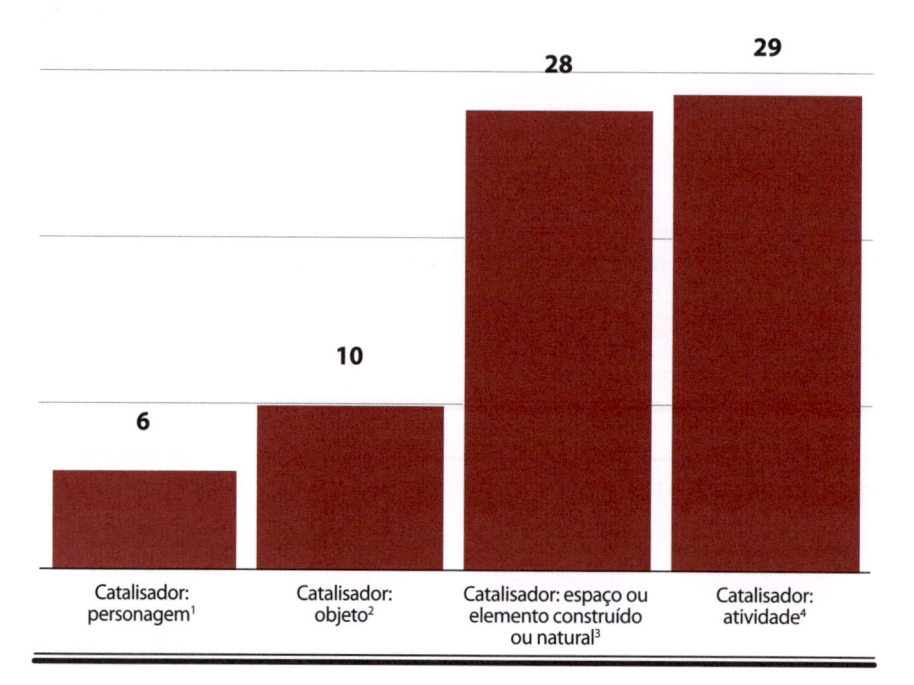

Catalisador: personagem[1]	Catalisador: objeto[2]	Catalisador: espaço ou elemento construído ou natural[3]	Catalisador: atividade[4]
6	10	28	29

[1] PROFESSOR, PALESTRANTE, PACIENTE, ATOR, FOTÓGRAFO

[2] BRINQUEDOS, TROFÉUS, FERRAMENTAS, MÁQUINAS, MOBILIÁRIO

[3] PALCO, PISCINA, PLATEIA, PRAIA, ESTRUTURAS ARQUITETÔNICAS, COQUEIROS

[4] LÚDICA, SOCIAL, ESPORTIVA OU CULTURAL TAIS COMO JOGOS, LEITURA, BRINCADEIRAS, FRUIÇÃO ESTÉTICA, ALMOÇO, CENA TEATRAL OU MUSICAL

Notas Complementares

³ Esses conceitos foram amplamente tratados nos campos da Sociologia, Antropologia, Filosofia e Psicologia Social e acumulam uma fortuna crítica considerável, que não caberia retomar aqui. Algumas referências basilares são os trabalhos de Cornelius Castoriadis, *A instituição imaginária da sociedade*, Rio de Janeiro: Paz e Terra, 1982; Raymond Ledrut, *Les images de la ville*, Paris: Éditions Anthropos, 1973; Denise Jodelet (org.), *As representações sociais*, Rio de Janeiro: EdUERJ, 2001; e Serge Moscovici, *Psychologie Sociale*, Paris: PUF, 1990.

⁴ Cf. Roger Chartier, *História cultural: entre práticas e representações*, Lisboa/Rio de Janeiro: Difel/Bertrand Brasil, 1990; Sandra Jatahy Pesavento, *História e história cultural*, Belo Horizonte: Autêntica, 2003; Robert Darnton, *O grande massacre dos gatos*, 2ª ed., Rio de Janeiro: Forense-Universitária, 1987; Ulpiano T. B. de Meneses, "A problemática do imaginário urbano: reflexões para um tempo de globalização", *Revista da Biblioteca Mário de Andrade*, São Paulo: jan./dez. 1997, v. 55, pp. 11-20; Elias Thomé Saliba, *Raízes do riso: a representação humorística na história brasileira*, São Paulo: Companhia das Letras, 2002; Nicolau Sevcenko, *Orfeu extático na metrópole: São Paulo, sociedade e cultura nos frementes anos 20*, São Paulo: Companhia das Letras, 1992; Carlo Ginzburg, *O queijo e os vermes. O cotidiano e as ideias de um moleiro perseguido pela inquisição*, São Paulo: Companhia das Letras, 1987; Maurice Aguillon (org.), *Le XIXᵉ siècle et la Révolution*

Française, Paris: Gallimard, 1992; Raymond Williams, *Cultura e sociedade: 1780-1950*, São Paulo: Editora Nacional, 1969; Pierre Nora (ed.), *Les lieux de mémoire*, Paris: Edition Gallimard, 1984-1992.

⁵ Jérôme Baschet, "Fécondité et limites d'une approche systématique de l'iconographie médiévale", *Annales: Économies, Sociétés, Civilisations*, v. 46, n. 2, 1991, pp. 375-380. Sobre uma recente aplicação desse conceito de iconografia serial, cf. Maria Filomena Vilela Chiaradia, *Iconografia teatral: estudo da imagem de cena nos arquivos fotográficos de Walter Pires Pintoi e Eugênio Salvador. (Rio de Janeiro) e da Cia. Eugénio Salvador (Lisboa)*, doutorado, Universidade Federal do Estado do Rio de Janeiro (UNIRIO), 2008.

¹¹ O estudo de Ana Maria Mauad, *Sob o signo da imagem: a produção da fotografia e o controle dos códigos de representação social na cidade do Rio de Janeiro, na primeira metade do século XX*, tese (doutorado), Universidade Federal Fluminense, 1990, foi pioneiro na aplicação de descritores icônicos e formais e decorrente quantificação das recorrências alcançadas, em uma abordagem semiótica do retrato e dos álbuns de família. Vânia Carneiro de Carvalho & Solange Ferraz de Lima, *Fotografia e cidade: da razão urbana à lógica do consumo – álbuns de São Paulo (1887-1954)*, 1ª ed., Campinas: Mercado de Letras, 1997, foram por caminho semelhante, mas sem recorrer à abordagem semiótica, mantendo-se no campo da cultura material e abordando a paisagem urbana no estudo da imagem de São Paulo na primeira metade do século XX. Na década de 2000, o retrato oitocentista recebeu igual abordagem de Vânia Carneiro de Carvalho & Solange Ferraz de Lima, "Individuo, género y ornamento en los retratos fotográficos, 1870-1920", in: Lourdes Roca e Fernando Aguayo (org.), *Imágenes e Investigación Social*, Cidade do México: Instituto de Investigaciones Dr. José María Luis Mora, 2005, v. 1, pp. 271-291, com vistas a discutir as representações de gênero na sociedade paulistana. Ao longo dos anos 2000, outros trabalhos acadêmicos seguiram essa linha investigativa, como os de Zita Rosane Possamai, *Cidade fotografada: memória e esquecimento nos álbuns fotográficos de Porto Alegre, décadas de 1920 e 1930*, tese (doutorado), Universidade Federal do Rio Grande do Sul (UFRGS), 2005; Maria de Fátima de Mello Barreto Campelo, *A construção coletiva da imagem de Maceió. Cartões-postais 1903/1934*, tese

(doutorado), Universidade Federal de Pernambuco (UFPE), 2009; Maria Filomena Chiaradia, *Iconografia teatral: imagens fotográficas do passado na construção de novos modos de ver o teatro no presente, um estudo comparativo dos acervos fotográficos da Cia. Walter Pinto (Rio de Janeiro) e Cia. Eugénio Salvador (Lisboa)*, tese (doutorado), Universidade Federal Estadual do Rio de Janeiro (UNIRIO), 2008. Alargando as referências geográficas, outro exemplar uso da abordagem quantitativa para entender padrões temáticos e formais é o estudo do sociólogo colombiano Armando Silva, *Álbum de família: a imagem de nós mesmos*, São Paulo: Senac, 2008; e o estudo do historiador mexicano Fernando Aguayo, *Los usos sociales de la imagen. El caso del Zócalo de la Ciudad de México (1877-1926)*, tese (doutorado), Instituto de Ciencias Sociales y Humanidades de la Benemérita Universidad Autónoma de Puebla (ICSyH-BUAP), 2008.

[12] Em uma fotografia das edificações das Indústrias Matarazzo, poderíamos utilizar um descritor "edificação fabril" para indicar e qualificar a edificação representada pela fotografia. "Industrialização" ou "imigração", outros dois termos que podem também ser aplicados, são considerados palavras-chave e não descritores, pois não se vê a industrialização ou a imigração, dado que esses termos designam processos e não coisas materiais.

[19] A disseminação das revistas ilustradas acontece com destaque na Alemanha, no período após a Primeira Guerra Mundial (1914-1918). Durante a República de Weimar, a Alemanha entra em uma fase de efervescência cultural, projetando-se como uma das mais modernas capitais da Europa, com as possibilidades de reprodutibilidade da imagem com qualidade (a Alemanha gozava, desde o século XVIII, de um parque gráfico de excelência). Sobre a trajetória da revista *O Cruzeiro*, cf. Helouise Costa, *Aprenda a ver as coisas: Fotojornalismo e modernidade na revista O Cruzeiro*, mestrado, Escola de Comunicações e Artes da USP, São Paulo (ECA-USP), 1992; e Nadja Fonseca Peregrino, *O Cruzeiro: a revolução da fotorreportagem*, Rio de Janeiro: Danzibao, 1991.

[23] O Foto Cine Clube Bandeirantes foi fundado em 1939. Em 1945 foi criado o Departamento de Cinema no Clube, configurando a atual denominação. É em torno dessa data que tem início, no interior do Foto

Cine Clube Bandeirantes, a experimentação da linguagem fotográfica nos termos da fotografia moderna que caracterizaria a chamada Escola Paulista. Nomes importantes na consolidação da fotografia moderna no Brasil, como Geraldo de Barros, Thomas Farkas, Gaspar Gasparian e German Lorca, atuavam no Foto Cine Clube produzindo fotografias que exploravam, formalmente, contraluzes, o geometrismo, a arquitetura moderna como tema, a fragmentação do objeto.

[33] Desde fins do século XIX, muitos fotógrafos europeus advogam em prol da consideração da fotografia como arte, sobretudo os seguidores do movimento pictorialista. No início do século XX, em Nova York, o fotógrafo Alfred Stieglitz organiza uma galeria que se tornaria referência para a produção de artistas modernos, entre fotógrafos e artistas plásticos. Esse movimento, aliado à criação do Departamento de Fotografia no MoMA, em 1937, tendo à frente o curador e historiador da arte (depois, da fotografia) Beaumount Newhall, alçou definitivamente a fotografia ao panteão das artes. No Brasil esse movimento terá outro caminho e a presença nos museus de arte aconteceria um pouco mais tarde.

[35] George Grosz (1893-1959) nasceu em Berlim, estudou em Dresden e é considerado um dos fundadores do movimento dadaísta. Identificado pelo traço caricatural, ficou conhecido a partir de seus *cartoons* de crítica política e social em jornais berlinenses. John Heartfield, nascido Helmut Herzfeld (1891-1968), em Berlim, é considerado o pioneiro da fotomontagem voltada às temáticas políticas. Entre as suas estratégias de produção de sentido a partir do visual estão as inversões e o contraste de escalas, surtindo efeitos dramáticos (ver http://www.getty.edu/art, acessado em 13 de julho de 2010).

[42] Sobre o instantâneo e a fotografia moderna e, entre outras, a ideia do "momento decisivo" em Cartier-Bresson, cf. Mauricio Lissovsky, "O refúgio do tempo no tempo do instantâneo", *Lugar Comum* (Rio de Janeiro), v. 8, mai.-ago., 1999, pp. 89-109; Ronaldo Entler, *O corte fotográfico e a representação do tempo pela imagem fixa*, trabalho apresentado ao NP 20 – Fotografia: Comunicação e Cultura, do IV Encontro dos Núcleos de Pesquisa da Intercom e publicado na Revista Studium nº 12. Campinas, SP: Instituto de Artes da Unicamp, 2004.

45 Bob Wolfenson (São Paulo, 1954) começou sua carreira aos dezesseis anos, como estagiário-aprendiz no estúdio fotográfico da Editora Abril (à época dirigido por Chico Albuquerque), em que permaneceu quatro anos. Possui um trabalho extenso na área de moda e publicidade, tendo recebido diversos prêmios nessas áreas, como o de melhor fotógrafo de 1995 (concedido pela Funarte – Ministério da Cultura) e o primeiro prêmio da Fundação Conrado Wessel (concedido apenas a fotógrafos publicitários) pela melhor fotografia de publicidade de 2004. Soma oito exposições individuais (nas galerias Fotoptica, Collector's e André Millan e no MASP; na semana de moda de São Paulo; e em espaços da Fundação Armando Álvares Penteado); quatro livros publicados; a edição de duas revistas de moda, comportamento e fotografia; e a edição integral de um número da revista *Homem Vogue*. Possui fotografias nos acervos do Museu de Arte de São Paulo – Assis Chateaubriand (MASP) e na Coleção Pirelli de Fotografia; foi objeto de reportagem da *Revista Gráfica*, em 1991, e da revista francesa *Photo*, que lhe dedicou quatro páginas em número especial sobre o Brasil.

51 As empresas, clubes de empresas e sindicatos nas páginas da *Revista do Comerciário* são: Esporte Club Borghoff, Esporte Club Folhas, Esso Standard Club, Fotoptica, G. R. Siroco, Drogasil, Cooperativa Agrícola de Cotia, Clipper, Atlantic Refining Club, Grêmio da Mesbla, Grêmio Diários Associados, Grêmio Isnard, IBM, Mappin Store, Mappin Store Club, Rádio Bandeirantes, Kosmos, Sindicato das Enfermeiras, Sindicato de Empregados no Comércio em Santo André, Sindicato dos Arrumadores, Sindicato dos Atores, Sindicato dos Empregados em Empresas de Seguros, Sindicato dos Empregados Vendedores e Viajantes do Comércio, Sindicato dos Funcionários do Comércio de Ribeirão Preto, Sindicato dos Oficiais de Barbeiros e Cabeleireiros e Sindicato dos Zeladores.

53 A expansão da economia urbana na cidade de São Paulo é resultado de vários fatores, entre eles o crescimento populacional não vegetativo e sim tributário de migrações do campo para a cidade. São Paulo torna-se um polo de atração por excelência para a busca de empregos nos setores secundários e terciários. A partir da década de 1930, os fluxos migratórios (dos estados nordestinos e de Minas Gerais) superaram os

fluxos imigratórios na cidade de São Paulo, alterando a dinâmica demográfica característica do período compreendido entre fins do século XIX e meados da década de 1920. Cf. Wilson Cano, "Dinâmica da economia urbana de São Paulo: uma proposta de investigação", *Revista de Administração de Empresas*, Rio de Janeiro: 1985, nº 25 (1), pp. 15-25.

[57] Esta abordagem apoia-se conceitualmente na perspectiva de análise sociológica de Pierre Bourdieu e tem como referencial básico a sua pesquisa transformada em livro: *A distinção. Crítica social do julgamento*, São Paulo: Edusp, 2007. O livro foi lançado em Paris em 1979 e reúne resultados de suas pesquisas sociológicas das formas e modelos de distinção entre grupos sociais. No consumo de bens, particularmente de bens culturais, são gerados valores simbólicos que atuam no campo das representações sociais estabelecidas nas operações de distinção social. Assim, a aquisição de uma pintura a óleo, ou de ingressos para um espetáculo teatral, não só envolve o valor cultural e social desses bens como também um valor simbólico mobilizado para promover a distinção, sendo o gosto uma categoria que viabiliza essa operação.

[58] No quesito área de atuação, a série *Revistas periódicas* apresenta predominância de imagens relacionadas com as festividades (inauguração de unidades, encerramento de cursos, entrega de prêmios e troféus) e com a saúde – e, nessa área, com destaque absoluto para a subárea esporte –; no caso específico da *Revista do Comerciário*, esta traz imagens que documentam as atividades direta ou indiretamente ligadas ao sindicalismo. Esse perfil tem alterações nas publicações da série *Livros comemorativos*, na qual predominam imagens relacionadas com as atividades de lazer e culturais. Mesmo assim, as imagens de esporte são a maioria no âmbito da área de saúde. A área de educação mantém-se, para ambas as séries, com o menor número de fotografias relacionadas. Cf. gráficos em anexo 2.

[60] Décio de Almeida Prado (1917-2000) foi um dos mais importantes críticos do teatro brasileiro. Sua participação como diretor no teatro amador do Sesc, a partir de 1949, coincide com o momento em que começou a ministrar aulas na Escola de Arte Dramática, recém-fundada por Alfredo Mesquita (da família Mesquita, proprietária do jornal O

Estado de S. Paulo). Nesse período, além das aulas de história do teatro ministradas na EAD e das atividades junto ao Sesc, Décio era crítico d'*O Estado de S. Paulo*, em que permaneceu até 1968. *Enciclopédia de Teatro*, http://www.itaucultural.org.br (acessado em 30 de agosto de 2010).

[62] Arruda, apoiada em retrospectiva da trajetória do teatro no Brasil por Décio de Almeida Prado, considera que nos anos entre 1940 e 1960 a particular conjuntura cultural da cidade de São Paulo fez com que o teatro assumisse a dianteira em relação ao Rio de Janeiro, sobretudo na profissionalização da classe e graças também à participação de empresários no negócio teatral. Maria Arminda do Nascimento Arruda, *Metrópole e Cultura: São Paulo no meio do século XX*, Bauru: Edusc, 2001, pp. 120-123.

[67] O projeto de pesquisa (CNPq) *Saberes impressos. Imagens de civilidade em textos escolares e não escolares: composição e circulação (décadas de 50 a 70 do século XX)*, coordenado pela prof^a. dr^a. Maria Teresa Santos Cunha, reúne trabalhos que exploram, em vasto arsenal de fontes, como são construídas as noções de civilidade *moderna*. Em manuais de civilidade, colunas de revistas ilustradas e propagandas correlatas são recorrentes referências às práticas de leitura entendidas como práticas modernas e de cunho civilizatório. Na comunicação apresentada no 16º Congresso de Leitura no Brasil (2007), Daniela Queiroz Campos analisa o discurso nessa vertente publicado na coluna semanal "As Garotas", que circulou por 26 anos, de 1938 a 1964, na revista *O Cruzeiro*. A leitura foi tema específico da coluna, com o subtítulo "As garotas leem" (1956, 1958), e nessa figura como elemento indissociável da vida moderna e da formação adequada da mulher de classe média culta e educada. Os manuais de civilidade difundem a mesma posição. O manual *Aprenda a ter boas maneiras*, de Dora Maria (1956), afirma: "Em sociedade, a leitura exerce grande influência. Quem lê, embora se restrinja a um pequeno currículo de amizades, embora pertença a um meio humilde, saberá como comportar-se em todas as ocasiões e encontrará melhor saída no trato para com seus semelhantes" (p. 45). *Apud* Daniela Queiroz Campos, "A leitura das garotas", *Anais do 16º Congresso de Leitura do Brasil*, sessão XV, 2007, p. 7; http://www.alb.com.br/anais16/index.htm (acessado em 20 de agosto de 2010).

[78] A exploração do corpo feminino na publicidade, revistas dirigidas ao público feminino, fotografias em variedade de gestos e poses são tema de estudos acadêmicos tais como os de Maria Claudia Bonadio, *Moda e sociabilidade. Mulheres e consumo na São Paulo dos anos 1920*, São Paulo: Editora Senac São Paulo, 2007; Vânia Carneiro de Carvalho, *Gênero e espaço doméstico. O sistema doméstico na perspectiva da cultura material, São Paulo, 1870-1920*, São Paulo: EDUSP, 2008; Mônica Raisa Schpun, *Beleza em jogo. Cultura física e comportamento em São Paulo nos anos 20*, São Paulo: Boitempo Editorial, 1999; Marcia Padilha, *A cidade como espetáculo. Publicidade e vida urbana na São Paulo dos anos 20*, São Paulo: Anablume, 2001.

[81] Ao analisar as representações visuais que explicitam as diferenças sexuadas dos espaços no ambiente doméstico, Vânia Carneiro de Carvalho, em seu livro *Gênero e artefato* (2008), caracteriza o universo de objetos que gravitam em torno do homem, e esses são, invariavelmente, oriundos ou relacionados com o trabalho, não qualquer trabalho, mas o que o distingue do operário ("trabalho com as mãos"), ou seja, o trabalho no escritório, daqueles de colarinho branco. Ao tratar da "ordem masculina", a autora chama a atenção para a recorrente representação de homens em escritórios de bancos e empresas, bem como em propagandas de cursos por correspondência, voltados, nos anos 1920, para os que almejam galgar lugares na hierarquia social por meio do trabalho nos campos da administração e em outros do setor terciário. A representação do homem em seu escritório guarda um referencial advindo das elites. Segundo Carvalho, fotografias das residências e de membros das elites paulistanas apresentam o homem em seu escritório doméstico, manuseando papéis, ou em leitura compenetrada. Essas imagens figuram em revistas ilustradas (*Revista Feminina*, *A Cigarra*, entre outras) ou em publicações especialmente dedicadas aos empresários.

[96] No caso paulistano, é interessante apontar a resistência havida na década de 1930, quando da profissionalização do futebol. Schpun relata que Antônio Prado Júnior, diretor do Club Paulistano, se opõe à profissionalização, procurando manter o estatuto amador para o esporte, e, quando essa tentativa falha, o clube abandona o estádio e os torneios amadores (*op. cit.*, p. 52). Essa reação à popularização do

esporte por meio de sua profissionalização antecipa o que de fato vai acontecer ao longo da década de 1940. São inúmeras as iniciativas públicas – estaduais e municipais – de criação de centros esportivos nos bairros operários (cf. André Dalben, *Educação do corpo e vida ao ar livre: natureza e educação física em São Paulo (1930-1945)*, dissertação de mestrado, Campinas, Faculdade de Educação Física/Unicamp, 2009, pp. 131-132).

[98] Escritor e jornalista alemão nascido em Frankfurt (1889) e falecido em Nova York (1966), Kracauer especializou-se no que hoje se pode chamar de jornalismo cultural, fazendo em suas crônicas publicadas no *Frankfurter Zeitung* reflexões em torno da cultura alemã na sua contemporaneidade. Seus escritos guardam um estilo que vai muito além da informação jornalística, revestindo-se de um caráter filosófico tributário dos diálogos estabelecidos com seus contemporâneos também presentes nas páginas dos jornais – Walter Benjamin e Theodor Adorno. O livro *O ornamento das massas*, publicado em 1963 (a tradução para o português é de 2009, em edição da Cosac & Naify), reúne artigos jornalísticos dos anos 1920, entre eles o que dá o título ao livro.

[100] A exposição *The family of man*, organizada por Edward Steichen, em 1955, para o Museu de Arte Moderna de Nova York, consagra o gênero fotografia humanista. A exposição reunia mais de quinhentas fotografias de vários países, segundo o eixo conceitual que pretendia "mostrar que, ao fim e ao cabo, todos os seres humanos são iguais e devem auferir da mesma dignidade, que a vida é semelhante em toda a Terra e que os seres humanos são uma grande família" (Jorge Pedro Souza, *Uma história crítica do fotojornalismo ocidental*, Florianópolis: Letras Contemporâneas, 2004, p. 144). Não caberia aqui tratar do tema e da exposição que provocou críticas e reflexões interessantes como as de Roland Barthes (em seu livro *Mitologias*), mas sim entender que a exposição coroou essa vertente da prática fotojornalística e fez escola a partir daí.

[104] André Dalben, em sua dissertação de mestrado *Educação do corpo e vida ao ar livre: natureza e educação física em São Paulo (1930-1945)*, Campinas, Faculdade de Educação Física/Unicamp, 2009, recu-

pera a trajetória desse tipo de instituição. Dalben refere os discursos médicos e higienistas que, na década de 1930, justificaram a criação de colônias de férias nas montanhas, voltadas para as crianças, no âmbito de políticas de proteção à infância, como forma de prevenir a propagação da tuberculose (p. 72). Sobre a proximidade das colônias de férias, sanatórios e preventórios, afirma: "Por fim, as colônias de férias, concebidas também para a prevenção, vigilância e assistência, possuíam alguma diferença, uma vez que às suas tarefas já anunciadas agregava-se, ainda, a sua função educacional, função essa inexistente nas outras aqui nomeadas. Contudo, havia um ponto de união entre essas instituições, qual seja, o ambiente da natureza e seus elementos curativos e restauradores" (André Dalben, *op. cit.*, p. 72.).

[105] Na Itália, as iniciativas foram geradas em torno do Opera Nazionale Dopolavoro, programa de lazer e turismo para os trabalhadores; na Alemanha, o modelo italiano foi seguido com a criação do *Kraft durch Freunde*, que garantiu a criação de inúmeras colônias de férias para trabalhadores na Baviera e no litoral. Rui de Lacerda Badaró, *Direito do Turismo. História e legislação no Brasil e no exterior*, São Paulo: Editora Senac São Paulo, 2002, pp. 73-75.

[106] Afonso Schmidt (1894-1964) nasceu em Cubatão, foi jornalista, escritor e dramaturgo, redator dos jornais santistas *A Tribuna*, *Folha da Noite* e *Diário de Santos*. Em São Paulo, trabalhou de 1924 até o início dos anos 1960 no jornal *O Estado de S. Paulo*. Foi um dos fundadores do Sindicato dos Jornalistas de São Paulo. http://www.ihgs.com.br (acessado em 23 de setembro de 2010).

[108] As reflexões e pesquisas em torno do lazer têm como principal referência teórica o sociólogo Joffre Dumazedier. Yara Schreiber Dines, em sua tese de doutorado *Cidadelas da cultura no lazer* (São Paulo, Pontifícia Universidade Católica, 2007, pp. 167-175), em breve balanço sobre o tema afirma que as formas de uso do tempo livre no contexto das sociedades industrializadas começaram a ser estudadas por sociólogos nos Estados Unidos já nos anos 1920 e, após a Segunda Guerra Mundial, se difundiram na Europa e especialmente na França, com as pesquisas pioneiras de Dumazedier. No Brasil, esse campo de saber estru-

turou-se também no interior da sociologia, no final dos anos 1960. Denise Bernuzzi de Sant'Anna, em seu livro *O prazer justificado. História e lazer. São Paulo, 1969/1979* (São Paulo: Marco Zero, 1994), identifica as condições históricas que fomentaram ações e debates em torno do lazer na cidade de São Paulo em plena ditadura militar e afirma: "Nesta época não se inventou o lazer, mas, certamente, foi nela que inúmeras práticas lúdicas tenderam a ser examinadas mais assiduamente segundo métodos científicos específicos e a ser transformadas numa disciplina racional, num conceito capaz de operar diferentes formas de administração e promoção do lúdico, que chamou de lazer" (p. 10). Segundo Dines (*op. cit.*, p. 176), o Sesc foi pioneiro nesse processo de constituição do campo, aliando reflexões teóricas e práticas a partir de seus equipamentos urbanos, e o seminário *Lazer: Perspectivas para uma cidade que trabalha*, realização conjunta do Sesc/Secretaria de Bem-Estar Social (1969), o marco dessas iniciativas. Os sociólogos Renato Requixa (*O lazer no Brasil*, São Paulo: Brasiliense, 1977) e Luiz Otávio de Lima Camargo (*O que é Lazer*, São Paulo: Brasiliense, 1989) são as referências para o tema no Brasil. Suas pesquisas partem dos pressupostos de Dumazedier para analisar o lazer no contexto brasileiro. As experiências de trabalho no Sesc deram o substrato empírico para tais reflexões, sobretudo no caso de Renato Requixa, ex-diretor do departamento regional do Sesc, cuja trajetória profissional se fez na instituição, começando como orientador social e tendo sido redator e secretário da *Revista do Comerciário* de 1956 a 1960.

[109] As Unimos – Unidades Móveis de Orientação Social – surgiram no início dos anos 1960, com objetivo de promover atividades de lazer e cultura nas cidades do interior do estado que não contavam com centros sociais do Sesc. As Unimos trabalhavam sempre em conjunto com voluntários e os líderes comunitários locais e podiam ficar meses em uma cidade. Uma característica marcante do projeto é que não havia uma programação prévia fechada, havia ideias, mas a sua concretização acontecia em conjunto com a comunidade local.

[112] Adhemar Gonzaga (1901-1978), cineasta e jornalista brasileiro, foi um dos fundadores da Cinédia, a principal empresa cinematográfica brasileira nos anos 1930. Dirigiu em 1929 seu primeiro filme, chamado

Barro humano (p&b, mudo), em que um jovem rico e voluntarioso se envolve com três mulheres. A piscina é um dos cenários para a ambientação. Essa talvez seja a primeira referência visual em um veículo de massas, no Brasil, à associação da piscina com a vida burguesa e luxuosa. Em entrevista no festival de cinema de Ouro Preto (junho de 2010), Alice Gonzaga, filha de Adhemar, afirma que o filme foi um sucesso total e só não deu retorno financeiro por ter sido distribuído por uma empresa americana. http://www.cineop.com.br/homenagem-entrevista (acessado em 7 de outubro de 2010).

[114] A noção de cultura visual tem sido amplamente discutida – seu alcance como campo de operação do conhecimento, os pressupostos conceituais etc. Não pretendo aqui retomar essa ampla discussão, muito bem tratada por Ulpiano Toledo Bezerra de Meneses em "Fontes visuais, cultura visual, história visual. Balanço provisório, propostas cautelares", *Revista Brasileira de História*, São Paulo, n. 23, n. 45, pp. 11-36, 2003; e Paulo Knauss, "O desafio de fazer história com imagens, arte e cultura visual", *ArtCultura*, Uberlândia, v. 8, n. 12, jan.-jun., 2006, pp. 97-115.

[116] O termo iconosfera advém da semiologia. Román Gubern, semiótico espanhol, afirma que o termo teria sido cunhado por Gilbert Cohen-Séat, em 1959, para designar o universo de imagens que se multiplicam em número e em velocidade de circulação com o cinema. Cf. Román Gubern, *La mirada opulenta: exploración de la iconosfera contemporánea*, Barcelona: Gustavo Gilli, 1987.

[119] O conceito de estratégia é adotado aqui segundo a visão de Michel de Certeau, historiador francês já falecido que se notabilizou por seus estudos dedicados às práticas culturais urbanas. Certeau define estratégia como "o cálculo (ou a manipulação) das relações de forças que se torna possível a partir do momento em que um sujeito de querer e poder (uma empresa, um exército, uma cidade, uma instituição científica) pode ser isolado". Em Michel de Certeau, *A invenção do cotidiano. Artes do fazer*, Rio de Janeiro, Vozes, 1999, p. 99.

[120] Essa noção de lugar é corrente na Geografia Cultural, campo que procura descrever e entender processos de atribuição de valores e

sentidos a espaços físicos por agentes sociais. Yi-Fu-Tuan é a principal referência para a noção de lugar tratada nesta pesquisa, especialmente, suas duas obras, *Topofilia* (1974) e *Espaço e lugar* (1977).

[125] No campo dos estudos sobre a mídia e a produção cultural na cidade de São Paulo, conferir estudos de caso tais como: Heloísa Pontes, *Destinos mistos: os críticos do grupo Clima em São Paulo, 1940-1968*, São Paulo: Companhia das Letras, 1998; Lúcia Helena Gama, *Nos bares da vida*, São Paulo: Senac, 1998; David José Lessa Mattos, *O espetáculo da cultura paulista: teatro e TV em São Paulo, 1940-1950*, São Paulo: Códex, 2002; Sílvio Luiz Lofego, *IV Centenário da Cidade de São Paulo. Uma cidade entre o passado e o futuro*, São Paulo: Anablume, 2004; Heloísa Pontes, *Intérpretes da metrópole: história social e relações de gênero no teatro e no campo intelectual, 1940-1980*, São Paulo: Edusp, 2011. Para sínteses, conferir o já referido nesta pesquisa: Maria Arminda do Nascimento Arruda, *Metrópole e cultura: São Paulo no meio do século XX*, São Paulo: EDUSC, 2001.

[126] Andreas Huyssen, intelectual filiado aos estudos culturais com interesse nos temas relacionados com a mídia e a pós-modernidade, considera que a memória se tornou uma obsessão cultural no mundo globalizado. As razões estão relacionadas com a extensão da mídia na vida moderna, que beira uma saturação informacional do tempo presente, e com os eventos contemporâneos de ordem política e social que teriam abalado as principais utopias políticas do século XX – o fascismo, o comunismo e o modernismo. Segundo Huyssen, "a legitimidade política, ao que parece, tem de ser garantida cada vez mais pelo modo como lidamos com nossos passados nacionais do que pelas formas de imaginarmos o futuro" ("Mídia e discursos da memória", *Revista Intercom*, vol. 27, n. 1, 2004, p. 102; cf., também, *Seduzidos pela memória*, Rio de Janeiro: Aeroplano, 2000.)

[127] Quando de sua invenção, os muitos textos que a explicavam insistiam em diferenciá-la do desenho ou da pintura. A principal diferença estaria na mediação da máquina, configurando o célebre título dado a ela por Fox Talbot, fotógrafo inglês envolvido com as primeiras experiências fotográficas. Em seu mais conhecido escrito,

Talbot chamou a fotografia de "lápis da natureza", querendo com isso dizer que a fotografia prescindia da intervenção humana para o registro da realidade aparente (como se dava no caso do desenho e da pintura). Como a fotografia dependia da fixação luminosa dos traços da realidade captada, sua gênese seria a de um signo indicial (o índice, tal como conceituado na classificação dos tipos de signos segundo a semiótica de Peirce). Ou seja, passou-se a considerar a fotografia uma prova irrefutável do acontecimento – pois ela, máquina objetiva, só pode registrar o que a luz permitiu gravar em sua matriz sensível. Equivaleria a concluir, a partir de uma pegada, que alguém por aquele lugar passou, ou, por sinais de fumaça, que em algum lugar na direção em que o vento sopra há fogo. Hoje, diante de todas as análises sociológicas de teor crítico sobre o papel da fotografia na indústria cultural formuladas na década de 1960 e que colocaram a nu as manipulações ideológicas na imprensa, a qualidade indicial é de pouca validade para explicar sua especificidade. Mas essa ideia vingou no senso comum, e até hoje a fotografia é entendida como prova do real. É esse o grande trunfo daqueles que mobilizam as fotografias na perspectiva memorialista.

Agradecimentos

Agradeço, inicialmente, a Danilo Santos de Miranda, diretor regional do Sesc São Paulo, e equipe pelo convite para a realização desta pesquisa e, posteriormente, a autorização para o seu uso como parte de minha tese de livre-docência.

Agradeço aos meus colegas do Museu Paulista, que souberam entender meu parcial afastamento de algumas de nossas atividades de curadoria para a realização da pesquisa e para a redação final, entre 2009 e 2010.

Agradeço a Vivian Krauss, minha assistente de pesquisa, pelo trabalho atento no levantamento de informações sobre as revistas, no registro das imagens, e principalmente na tabulação dos dados e preparação dos gráficos.

Agradeço a Sérgio José Silva, historiador e amigo sempre presente, pela leitura da primeira versão deste trabalho. E a minha grande amiga e colega de anos de curadoria e pesquisa no Museu Paulista, Vânia Carneiro de Carvalho, pela leitura criteriosa da última versão do texto. As sugestões e críticas de ambos foram fundamentais para o amadurecimento do texto final.

Agradeço, por fim, aos membros da banca de minha livre-docência (2011), as professoras doutoras Ana Maria de Moraes Belluzzo, Cecília Helena de Salles Oliveira, Helouise Costa, Maria Lígia Coelho Prado e Sylvia Caiuby Novaes, pela leitura crítica e as instigantes questões levantadas, das quais muitas puderam ser incorporadas a esta publicação.

Papel: Alta alvura
Fonte dos títulos: Clarendon
Fonte do texto: Sabon
Data: fevereiro/2014
Tiragem: 1.500
Impressão: Gráfica Rettec